Delga Bella-Canta

La République Démocratique du Congo

Histoire

© 2017 Delga Bella-Canta

CMLKOBxl & ASBL Productions Associées
Rue Emile Féron 70, 1060 Bruxelles
Imprimé par BoD - Books on Demand, Norderstedt
ISBN : 978-2-9309-6300-6
Dépôt légal : avril 2017

Sommaire

Chapitre 1: Histoire de la République Démocratique du Congo..............................20

- Préhistoire, Moyen Âge et exploration par les Européens......................22
- Colonisation belge (1885-1960)...................24
  - La propriété du roi Léopold II : l'État indépendant du Congo (1885-1908)...............24
  - Le Congo belge (1908-1960)............25
  - L'accession à l'indépendance (1956-1960)................27
- La première République (1960-1965)............30
- La seconde République de Mobutu : Le Zaïre (1965-1997)................32
  - La mise en place de la dictature........32
  - Zaïrianisation et recours à l'authenticité......................33
  - Économie................34
  - Structures politiques.........................36
  - Diplomatie......................37
  - Chute de Mobutu (1989-1997)........39

- La démocratisation du régime..................39
- Arrivée au pouvoir de Laurent-Désiré Kabila..................41
- République démocratique du Congo : vers la paix et la démocratie ? (1997 à aujourd'hui)..................42
- La guerre interafricaine..................43
- La normalisation..................44
- Notes et références..................310

Chapitre 2: Histoire du Congo précolonial (RDC)..................45

- Les origines..................45
- Immigration bantoue..................46
- Essor du commerce international..................47
- Caractéristiques culturelles au XIXe siècle......48
- La traite négrière à l'Ouest du Congo..................49
- Les sultanats de l'Est..................50
- Le royaume Kongo..................52
- Le royaume Kuba..................53
- L'espace Baluba..................54
- L'empire Lunda..................56
- Le Garangeza..................58
- Galerie..................59
- Notes et Références..................313

Chapitre 3: Colonisation du Congo.......60

- Chronologie..................60
- Premières explorations européennes..............61
- Exploration de Stanley..................62
- Prélude à la conquête..................63
- Notes et références..................314

Chapitre 4: État indépendant du Congo..................74

- Histoire..................75
  - Genèse de l'État indépendant du Congo..................75
  - La conquête de Léopold II..................80
    - Proclamation..................81
    - Organisation..................83
    - Les campagnes contre les Arabo-Swahilis..................86
    - Les révoltes des Batetela..................87
  - L'administration de l'État indépendant du Congo..................88
    - Les territoires et le commerce..................89
    - Les officiers..................93
    - Les prêts..................96
    - Le décret secret de 1891..................99
  - La campagne contre l'État indépendant du Congo..................101
    - Une émotion internationale..................102

- Le Rapport Casement et la Commission d'enquête......**109**
- Les mains coupées............**110**
- La fin de l'État indépendant du Congo............**113**
- Quel bilan ?............**114**
  - Polémique sur la responsabilité du roi............**118**
- Notes et références............**315**

Chapitre 5 : Congo belge............**124**

- Années 1908-1950............**124**
  - Enseignement............**127**
  - Infrastructures et administration......**129**
  - Première Guerre mondiale............**130**
  - Kimbanguisme et Kakisme............**133**
  - La dépression des années 1930........**134**
  - Seconde Guerre mondiale............**137**
  - Après-guerre............**141**
- Années 1950-1960............**143**
  - Enseignement............**143**
  - Santé............**146**
  - Démographie et économie............**147**
  - Évolution politique............**152**
    - ABAKO............**154**
    - Le MNC............**155**
    - La Conakat............**156**
  - 1958 à 1960 : stratégie non-violente pour l'indépendance............**157**

- Notes et références..................323

Chapitre 6: Crise congolaise................160

- Contexte......................................163
    - Le plan de 30 ans............................164
    - L'indépendance................................165
- Déroulement de la crise......................167
    - La première république...................167
    - Mutineries....................................168
    - La sécession du Katanga.................168
    - L'assassinat de Lumumba................169
    - Mobutu et la Deuxième république......................................171
- Notes et références...........................327

Chapitre 7: Zaïre...............................174

- Histoire..174
    - La première République du Congo (1960-1965)..................................174
    - La deuxième République, nouvelle République démocratique du Congo (1965-1971).....................................175
    - Du Congo divisé au Zaïre unifié de 1971 et la nouvelle constitution de 1974...176
        - Mobutu, le Père autoproclamé de la Nation......................176
        - Reconstruction politique...181

- Quête de légitimité et mise en place du nationalisme zaïrois par le MPR..................**185**
- Expansion autoritaire et centralisation du pouvoir...**188**
- La nouvelle République du Zaïre....................**191**
  - La nouvelle monnaie, le zaïre..................**193**
  - Les grands travaux, autres symboles du nouveau régime....**193**
  - La zaïrianisation forcée du régime...**194**
- Affaiblissement du pouvoir personnel et instauration du multipartisme.....**197**
- Retour aux conflits inter-ethniques et extension des conflits de pays voisins...........................**198**
- Notes et références......................**329**

Chapitre 8: Zaïrianisation....................**201**

- Principes de la zaïrianisation......................**201**
  - Prémices..............................**201**
  - Zaïrianisation..............................**202**
  - Structures économiques..............**202**
  - Structures politiques..................**204**
- Noms zaïrianisés..............................**205**
- Notes et références........................**330**

Chapitre 9: Première guerre du Congo.................209

- Origines.................210
- Déroulement de la guerre.................212
- Massacres des réfugiés Hutus.................213
- Épilogue.................215
- Principaux groupes armés.................216
- Notes et références.................331

Chapitre 10: Liste des gouvernements de la République démocratique du Congo.................219

Notes et références.................332

Chapitre 11: Deuxième guerre du Congo.................230

- Origines de la deuxième guerre du Congo...231
  - Changement d'alliance.................233
- Factions dans le conflit du Congo.................234
- Nature du conflit.................237
- Le déroulement de la guerre.................238
  - Les rebelles attaquent Kinshasa.......239
  - Kabila gagne des alliés régionaux....241
  - L'accord de paix de Lusaka.............245
  - L'assassinat de Kabila.....................248
  - Un accord nominal de paix.............249

- La fin de la guerre : le Gouvernement de transition..................252
- Effets..................252
- Glossaire des groupes armés..................255
- Notes et références..................333

Chapitre 12: Gouvernement de transition de la République démocratique du Congo..................261

- Poursuite des troubles dans l'est du pays..................262
  - La tension monte..................263
- Les résultats du Gouvernement de transition..................265
- La fin du Gouvernement de transition..................268
- Composition..................269
  - Ministres..................269
- Notes et références..................336

Chapitre 13: Guerre du Kivu..................276

- Histoire récente..................276
- L'offensive de Bukavu de mai 2004..................276
- Affrontement de 2005 avec l'armée régulière..................277
- 2006..................277
- 2007..................279
- 2008 : l'accord de paix de Goma..................283
- 2009 et années suivantes..................284
- Motivation économique..................285

- Notes et références..................................338

Chapitre 14: Rébellion du M23............287

- Contexte....................................288
- Principaux événements....................288
  - Dissolution du mouvement armé....292
- Notes et références..........................343

Chapitre 15: Troisième République (RDC)..294

- Chronologie................................294
  - 2006....................................294
  - 2007....................................295
- Notes et références..........................347

Chapitre 16: Histoire des divisions administratives de la République démocratique du Congo............................297

- État indépendant du Congo.......................297
- 1888..297
- 1895..297
- Congo belge................................298
  - 1914..................................298
  - 1924..................................300
  - 1935..................................300
- Première république........................302
  - 1963..................................302

- 1966 303
- Deuxième République 304
  - 1971 304
  - 1988 305
  - 1997 305
- Troisième république 307
- Notes et références 347

Bibliographie, notes et références 310

Chapitre 1

Histoire de la République démocratique du Congo

Le territoire qui porte aujourd'hui le nom de République démocratique du Congo est peuplé depuis au moins 200 000 ans av. J.-C. environ. Il y eut des grands États centralisés sur ce territoire comme les Kongo, Songye, Kuba, Garengaze, lunda et l'empire Luba... Les Européens ne reconnaissent la région qu'en 1482-1483 avec la découverte de l'embouchure du fleuve Congo par le marin portugais Diogo Cão. Le royaume Kongo est alors à son apogée. À partir de 1879, l'explorateur Henry Morton Stanley explore l'intérieur du futur pays pour le compte du roi des Belges Léopold II. Au cours de la conférence de Berlin (1884-1885), ce dernier parvient à faire reconnaître aux autres puissances européennes sa prise de possession du Congo. C'est le début de la colonisation. Le secteur contrôlé prend le nom d'État indépendant du Congo bien qu'il soit en fait la propriété personnelle de Léopold. En 1908, le Parlement belge reprend, par legs du roi Léopold II, la tutelle sur le territoire, nouvellement dénommé Congo belge.

Le 30 juin 1960 le Congo arrache son indépendance à la Belgique. Patrice Lumumba joue un rôle capital dans cette émancipation. Chargée d'espoir, l'indépendance bascule le pays dans le chaos : le Katanga puis le Kasaï font sécession ; craignant pour leur vie, les Belges s'enfuient ; la Belgique puis les Nations Unies envoient des troupes ; les gouvernements congolais se succèdent après l'assassinat de Lumumba (janvier 1961).

En 1965, Mobutu, chef d'état major de l'armée, renverse par un coup d'État le président Joseph Kasavubu. Le Congo retrouve une certaine stabilité au prix d'un régime autoritaire. Il devient le Zaïre. Mobutu se maintient au pouvoir pendant trente deux ans. En 1997, l'avance de l'AFDL avec M'zée Laurent Désiré Kabila, une force armée rebelle, l'oblige à fuir Kinshasa. Le régime tombe, affaibli par la crise économique, discrédité par la corruption, et abandonné par les puissances occidentales. Le porte-parole de l'AFDL, Laurent-Désiré Kabila, se proclame chef d'État en mai 1997. Le pays change encore une fois de nom devenant la République démocratique du Congo. Kabila conduit le pays d'une manière aussi autocratique que son prédécesseur et le plonge dans la guerre (Deuxième guerre du Congo). Depuis l'assassinat de Kabila (2001) et la fin du conflit, le Congo est entré dans une phase de démocratisation, marquée notamment par la tenue d'élections libres en 2006 et 2011. Le président actuel est Joseph Kabila, le fils de Laurent-Désiré.

Préhistoire, Moyen Âge et exploration par les Européens

À la recherche de la nourriture (tableau de Patrick Kaluta Kalpone)

La zone qui porte aujourd'hui le nom de République démocratique du Congo est peuplée depuis au moins 200 000 ans environ d'après les découvertes de pierres taillées sur les sites de Mulundwa (Katanga), Katanda et Senga (Kivu)[1]. Des vestiges archéologiques de l'homo sapiens (os, pointes de harpons, outils en quartz) ont été découverts à Ishango dans le parc national des Virunga et datées entre 25000 et 20000 ans. Des peuples bantous venus d'une zone comprise entre l'Est du Nigeria et les Grassfields du Cameroun viennent s'installer dès 2600 ans av. J.-C.

Les grands royaumes (luba, lunda, kongo) se forment entre les premiers siècles après Jésus-Christ et avant le XVe siècle, époque de l'arrivée des premiers Portugais sur le littoral atlantique. Mais de nombreuses populations vivaient alors dans des chefferies, c'est-à-dire de petites principautés plus ou moins auto-suffisantes. À partir de cette époque, on voit ces royaumes éclater sous l'impulsion de la traite et l'émergence de nouveaux rapports de force qui déboucheront sur la colonisation. Des jésuites portugais christianisent les rois et les peuples du Kongo. Les cultures du maïs et du manioc, importées d'Amérique, se répandent. La première carte européenne de la région est due à l'explorateur vénitien Alvise Cadamosto au service du Portugal (XVIe siècle).

Entre 1874 et 1877, Henry Morton Stanley, explorateur britannique, pénètre l'Afrique équatoriale, jusqu'alors *terra incognita* pour les Européens. Sur son bateau à vapeur, il descend le fleuve Congo, principale voie de pénétration, et cartographie la zone. Entre 1879 et 1884, l'explorateur effectue un deuxième voyage à travers le Congo, mais cette fois en remontant le fleuve. Sa mission est de créer des postes pour le compte de l'Association Internationale Africaine (AIA), que préside le roi des Belges Léopold II. L'Association a officiellement un objectif scientifique et philanthropique : il s'agit de continuer à cartographier la région et à lutter contre l'esclavage, en rachetant notamment les esclaves aux marchands afro-arabes. Elle s'avère surtout un moyen d'expansion pour le roi de Belges. Stanley et ses compagnons négocient avec les chefs locaux pour s'approprier les terres et exploiter les richesses du pays. Des missionnaires protestants débarquent.

En 1884-1885, au cours de la Conférence de Berlin, les grandes puissances européennes reconnaissent l'Association Internationale du Congo (AIC succédant à l'AIA). Derrière celle-ci, opère en fait Léopold II qui se voit en fait reconnaître son autorité sur un gigantesque territoire en Afrique centrale. Ce territoire, découpé par Stanley, et encore en grande partie inexploré, est nommé État indépendant du Congo (1885). Derrière la façade de l'AIC, cet État est en fait la propriété personnelle du roi.

Colonisation belge (1885-1960)

La colonisation du Congo se réfère à la période comprise entre la prise de possession par le roi Léopold II de Belgique en 1885 et l'indépendance en 1960.

La propriété du roi Léopold II : l'État indépendant du Congo (1885-1908)

Le roi Léopold II prend possession du territoire en son nom propre sous le nom d'*État Indépendant du Congo*. Des expéditions d'exploration sont lancées, et les voies de communication développées. La maîtrise du territoire s'achève en 1894 pour l'essentiel avec la fin de la guerre contre les Arabo-Swahilis.

L'exploitation intensive du territoire commence alors, où se côtoient tant les missionnaires que les aventuriers à la recherche de fortune facile par tous les moyens. La population locale doit notamment récolter par le travail forcé pour le compte du Domaine royal ou de compagnies privées du caoutchouc. Le marché de ce matériau est alors en pleine expansion en raison de la demande mondiale en pneus. À la fin du XIXe siècle, on commence à découvrir les richesses minières du Congo : le cuivre, l'or, le diamant... Après avoir servi à rembourser les emprunts, la vente du caoutchouc et des produits miniers, facilitée par la toute nouvelle ligne de chemin de fer Matadi-Léopoldville, fait la fortune de Léopold II, qui fait construire de nombreux bâtiments à Bruxelles et Ostende.

Au cours de la période 1885-1908, la population eut à souffrir de cette exploitation forcée, de façon directe ou indirecte. De très nombreuses exactions (meurtres, mutilations, tortures...) furent commises, et la population décrut. Il y eut cependant des protestations contre ces traitements qui allaient à l'encontre des principes fondateurs de l'État, notamment de la part de l'écrivain Mark Twain, du diplomate britannique Roger Casement, dont le rapport de 1904 condamnait les pratiques en vigueur au Congo et surtout du journaliste anglais du *West African mail* Edmond Morel. À la suite de ces dénonciations, Léopold II est contraint de laisser sa colonie à l'État belge.

Le Congo belge (1908-1960)

En 1908, le Parlement belge reprend la tutelle sur le territoire désormais appelé Congo belge. Une colonisation plus "classique" se met en place. Un ministre des Colonies est institué tandis qu'un gouverneur général est installé sur place, à Boma. La situation de la population s'améliore graduellement : un réseau d'établissements sanitaires permet de faire reculer les maladies et la malnutrition, l'enseignement est développé notamment par les missionnaires protestants et catholiques, et le pays est mis en exploitation, avec notamment la découverte des formidables ressources minières du Katanga. Le travail forcé, notamment dans les mines, persiste cependant sous diverses formes jusqu'à la Seconde Guerre mondiale (1940-1945),

Les Congolais s'acculturent à l'Europe par l'intermédiaire des missions qui établissent des écoles et des chapelles à travers le pays, par l'incorporation dans l'armée (la Force publique) ou par le travail de *boy* (serviteur) pour les Blancs[2]. En travaillant dans les mines, sur les chantiers de chemin de fer ou dans les plantations, ils découvrent le salariat alors que l'économie domestique était principalement basé sur le troc.

Le contrôle de la population se structure, ayant notamment recours au fichage ethnique et à des méthodes d'apartheid. Les Blancs ne vivent pas dans les mêmes quartiers que les Noirs. Ces derniers ne peuvent pas entrer dans la police ou dans l'enseignement. Une émancipation de la population, notamment par l'accès à des études supérieures, n'est envisagée qu'à l'aube de l'indépendance en 1960. À cette date, il n'y a aucun médecin ou juriste congolais. Toutefois, depuis la fin de la Seconde Guerre mondiale émerge la classe des *évolués*, des Congolais instruits, salariés, citadins, dont le mode de vie ressemble à celui d'un Européen. C'est parmi eux que se trouveront les leaders de la lutte pour l'indépendance : Patrice Lumumba, Joseph Kasavubu, Moïse Tshombe...

Lors du déclenchement de la Première Guerre mondiale, la Force publique participa à la campagne victorieuse contre l'Afrique orientale allemande. La Belgique récupère par conséquent le protectorat sur le Ruanda-Urundi. Au cours de la Seconde Guerre mondiale, la Force publique remporta un certain nombre de victoires sur les troupes italiennes en Afrique du Nord. Le Congo belge fournit aussi le minerai d'uranium extrait de la mine de Shinkolobwe et employé pour les bombes nucléaires d'Hiroshima et Nagasaki. Avant l'indépendance, le pays compte 14 000 km de voies ferrées et une centaine de centrales électriques ou à charbon. Il est le troisième producteur mondial de cuivre et le premier producteur de diamant[3].

L'accession à l'indépendance (1956-1960)

Les Belges pensent avoir trouvé le système parfait : une présence permanente tout en gardant l'estime des Africains. L'amélioration lente mais continue du niveau de vie semble justifier les vertus de la colonisation belge. Mais sous cet ordre en surface se développent des revendications venant de sectes religieuses, des tribus et des intellectuels. Vers 1920, Simon Kimbangu prêche une forme originale de christianisme ; les autorités belges jugeant son enseignement subversif le condamne à mort puis à la détention perpétuelle. Cependant, la prise de conscience politique des Congolais se manifeste tardivement. En 1956, sont publiés trois manifestes, *Conscience Africaine*, la *Déclaration de l'épiscopat du Congo belge* et le *Contre-Manifeste*. Dans le premier texte, les signataires notamment Joseph Malula (futur cardinal de Kinshasa), Joseph Ileo et d'autres élèves des Pères de Scheut, revendiquent "l'émancipation politique complète dans un délai de trente ans"[4]. Dans le second texte, l'Église prend ses distances avec l'État colonial en insistant sur le fait que les Congolais "ont le droit de prendre part à la conduite des affaires publiques"[5]. Le *Contre Manifeste* rédigé par l'ABAKO de Joseph Kasavubu est encore plus radical en exigeant l'émancipation immédiate[6]. En 1957, la Belgique accepte l'organisation d'élections locales. Les Congolais votent pour la première fois. L'annulation d'un meeting de l'ABAKO provoque le 4 janvier 1959 des émeutes à Léopoldville que la répression militaire noie dans le sang (quelques centaines de morts, tous Congolais)[7]. Au début de l'année 1960, au cours d'une table ronde réunissant à Bruxelles des indépendantistes congolais et des délégués du Parlement et du gouvernement belges, l'indépendance du Congo est fixée au 30 juin de la même année. La Belgique précipite l'événement car elle craint une rébellion du Congo (les Algériens se battent alors pour leur indépendance) et un isolement international dans un contexte où les grandes puissances (Royaume-Uni et France principalement) se séparent une à une leurs colonies en Afrique Noire. Enfin, la métropole sait qu'elle conservera finalement la mainmise sur son ex-colonie : les grandes entreprises et les officiers de l'armée congolais resteront belges tandis que les futurs dirigeants solliciteront l'aide de conseillers belges.

La Belgique organise des élections législatives pour élire les membres du parlement à qui elle signerait et remettrait les documents signifiant l'indépendance de la république démocratique du Congo Patrice Lumumba joue un rôle crucial, mettant en avant une vision nationale du Congo et non fédérale comme le voulaient les Belges et des Congolais opportunistes. Le MNC de Lumumba et ses alliés remportent les élections nationales avec 65 % de sièges au Parlement. L'État indépendant sera sous régime parlementaire, le Premier Ministre étant le chef du gouvernement, le président n'ayant qu'un rôle symbolique. À l'occasion de la nomination du président, Lumumba convainc ses amis et alliés d'offrir ce poste à son adversaire Joseph

Kasavubu car estime-t-il la victoire contre les colons est d'abord celle de tous les Congolais.

La première République (1960-1965)

Joseph Kasavubu est président de la République du Congo tandis que Patrice Lumumba occupe les postes de Premier ministre et ministre de la Défense. Très rapidement, les relations avec la Belgique se tendent. Quelques jours après l'indépendance, les soldats de la Force Publique, foyer de la ségrégation raciale, se mutinent à la suite de la provocation de son commandant en chef, le général belge Emile Janssens[8]. Les mutins pillent les propriétés des Européens, s'en prennent aux officiers et aux civils européens. Le gouvernement belge envoie des troupes pour protéger ses ressortissants. La révolte militaire s'éteint après le limogeage de Janssens par Lumumba et la promotion immédiate de Congolais comme officiers de la Force Publique[9]. L'ami de Lumumba, Joseph Mobutu, est nommé chef d'État major avec le grade de colonel.

Dans le même temps, le 11 juillet, Moise Tshombe, d'origine lunda, déclare l'indépendance de la riche province minière du Katanga (représentant 70 % des devises) sous le nom d'État du Katanga. La Belgique semble soutenir les sécessionnistes. Le 14 juillet, Kasavubu et Lumumba rompent leur relation diplomatique avec l'ancienne métropole, l'accusant d'être intervenue militairement sans la permission express du gouvernement congolais. À son tour, la province du Sud-Kasaï fait sécession sous l'égide d'Albert Kalonji. Lumumba s'adresse à l'ONU pour être aidé à reprendre le contrôle du Katanga ; si le secrétaire général des Nations Unies Dag Hammarskjöld envoie bien des casques bleus, il ne leur donne pas l'ordre d'attaquer les sécessionnistes du Katanga. Lumumba demande alors l'aide de l'URSS qui répond favorablement en lui envoyant notamment des techniciens, des avions et véhicules militaires[10]. Pour le président des États-Unis, Dwight Eisenhower, il est évident que Lumumba est un communiste. Craignant qu'un bastion communiste se crée au centre de l'Afrique, le président américain donne l'ordre à la CIA d'éliminer Lumumba mais la tentative d'empoisonnement échoue. Voyant que son premier ministre n'arrête pas de se faire des ennemis, le président Kasavubu le démet de ses fonctions. Soutenu par le parlement, Lumumba, à son tour, démet le président de ses fonctions.

Partagée entre les deux hommes, l'ONU vote finalement la confiance à Kasavubu. Celui-ci nomme Joseph Mobutu premier ministre pendant que Lumumba est placé en résidence surveillée à Kinshasa le 10 octobre 1960. Ce dernier s'enfuit et tente de rejoindre ses partisans à Stanleyville mais des soldats de Mobutu le capturent. Kasavubu et son nouveau premier ministre l'envoient par avion à son ennemi, Moise Tshombe, leader du Katanga indépendant. Le 17 janvier

1961, il est exécuté par un peloton sous les yeux de ministres katangais et d'officiers belges[11]. La radio préfère annoncer que Lumumba a été victime de villageois.

Les premiers ministres se succèdent jusqu'à ce que Mobutu mène le 24 novembre 1965 un deuxième coup d'État militaire qui, cette fois, renverse le président Kasavubu.

La seconde République de Mobutu : Le Zaïre (1965-1997)

La mise en place de la dictature

Immédiatement après le coup d'État, Mobutu s'autoproclame président. En quelques années, Il vide de son contenu la constitution républicaine et crée une véritable dictature. Il se fait accorder ou s'octroie des pouvoirs exceptionnels : il cumule les fonctions de premier ministre, de chef de l'armée et de législateur. Il nomme les ministres. Le MPR (Mouvement populaire de la Révolution) est le parti-État auquel toute la population doit adhérer. Le régime de Mobutu est fondé sur l'autorité et le nationalisme, qui sont les secrets de sa longévité. D'entrée, Mobutu se présente comme le libérateur des Noirs, en nationalisant les mines (1966) et déboulonnant les statues coloniales dans la capitale Léopoldville rebaptisée Kinshasa la même année. Les Congolais qui viennent de sortir de l'époque coloniale sont alors très sensibles à cette propagande.

La police politique recherche, intimide ou torturent les opposants politiques. À la suite de voyages en Chine et en Corée du Nord, Mobutu met en place le culte de sa personnalité. Son portrait apparait à la télévision juste avant le journal du soir. Des panneaux dans les rues vantent sa politique ; des chants célèbrent ses vertus[12].

Zaïrianisation et recours à l'authenticité

Dès 1971, Mobutu prend une série de mesures pour se détacher de tout ce qui peut rappeler l'Occident. Le pays est renommé « République du Zaïre ». Les Congolais doivent adopter des noms africains (suppression des prénoms occidentaux, et rajout d'un « postnom ») à l'image de Mobutu qui se fait appeler Mobutu Sese Seko Kuku Ngbendu wa Zabanga. La tenue vestimentaire abacost est imposée aux hommes en lieu et place du costume-cravate. Une nouvelle monnaie - le zaïre divisé en 100 makuta (singulier likuta) - remplace le franc congolais. De nombreuses villes sont rebaptisées : Stanleyville devient Kisangani, Elisabethville Lubumbashi.

Lors du sixième anniversaire de l'indépendance, un défilé résume l'histoire du pays, montrant notamment le Belge infligeant la chicotte. En arrière-plan, les relations entre la Belgique et le président sont bonnes : en 1968, en voyage à Bruxelles, Mobutu reçoit le Grand Cordon de l'ordre de Léopold[13]. Le roi Baudouin est à son tour reçu au Zaïre en 1970 et 1985.

Réalisée dans le courant de l'année 1974, la « zaïrianisation » a constitué l'un des événements des plus importants de la politique menée par le régime mobutiste, à savoir la nationalisation progressive des biens commerciaux et des propriétés foncières qui appartenaient à des ressortissants ou groupes financiers étrangers. En réalité, si cette mesure s'inscrivait officiellement dans un effort visant à la réappropriation nationale de l'économie ainsi qu'à la redistribution des richesses acquises pendant la colonisation, elle constitue surtout un échec.

Économie

Après la première guerre du Congo, Mobutu, nouveau chef d'État s'est engagé à regagner la confiance des milieux d'affaires étrangers. En 1966, les puissantes industries minières du Kasaï et du Katanga ont été nationalisées. C'est alors l'âge d'or du Congo, maintenant indépendant : en 1967 1 franc congolais vaut alors 2 dollars américains, les écoles publiques se développent et l'exode rural s'accélère ; les prix du café, du cuivre ou d'autres minerais sont florissants. La réalisation de grands travaux (le barrage hydroélectrique d'Inga sur le Congo), le financement d'un programme spatial donnent l'impression que le Zaïre, à l'image de certains pays asiatiques émergents, est un dragon africain. Cependant l'économie du pays est encore, comme à l'époque coloniale, trop tournée vers l'exportation et donc fragile.

À partir de 1973, le pays est touché par une crise économique aiguë, causée par la baisse des prix du cuivre et à l'augmentation de ceux du pétrole. La corruption se généralise et l'inflation devient galopante tandis que Mobutu privatise de nombreuses entreprises à son nom ou aux noms de ses proches (« Zaïrianisation »)[14]. Le pays produit d'importantes quantités de café pour l'exportation mais ne couvre pas ses besoins alimentaires, Mobutu fait importer des céréales et de la viande d'Afrique du Sud et de Rhodésie au lieu de moderniser l'agriculture du pays qui, vu son climat, pourrait facilement subvenir à ses besoins. Dans les années 1980, l'économie congolaise tourne au marasme : le PIB croît faiblement alors que la croissance démographique explose.

De manière générale, les nouveaux propriétaires de biens économiques et financiers ne sont pas suffisamment préparés pour assurer une gestion de moyen et de long terme de l'outil de production. Ceux qui n'ont pas fait faillite ont placé d'immenses investissements en Occident. Mobutu détourne les devises d'État de telle façon qu'en 1984, il est un des hommes les plus riches de la planète avec 4 milliards de dollars, l'équivalent de la dette extérieure du pays. La dette s'accroît encore plus avec la construction pharaonique du barrage hydroélectrique d'Inga, chantier légué par la Belgique coloniale et dont le Zaïre n'avait pas besoin. Si le barrage d'Inga a rapporté de l'argent aux entreprises françaises (EDF) ou italiennes, celui-ci, tout comme l'aciérie de Maluku fonctionnent à capacité réduite, faute de maintenance et de personnel compétent[15,16].

La dictature, les persécutions et la paupérisation font fuir les cerveaux en Occident (Belgique et France en tête).

Structures politiques

La mise à disposition de fonds commerciaux et de patrimoines économiques a également constitué un relais du clientélisme entretenu par le pouvoir. Le clan entourant le chef de l'État a ainsi pu bénéficier des fruits de la politique de nationalisation, tout comme ceux qui dans les différentes régions du pays, faisaient allégeance au régime en échange d'un commerce ou d'une propriété foncière. De nombreux pays occidentaux ont signé des conventions avec le Zaïre afin de procéder à l'indemnisation des parties spoliées, mais dans la très grande majorité des cas, ces accords n'ont jamais été appliqués. La corruption devient l'une des caractéristiques du régime.

Diplomatie

Bien que le régime mobutiste se soit inscrit dès le départ dans le sillage de la guerre froide, en privilégiant des liens étroits avec l'ancienne puissance coloniale belge, les États-Unis et la France, on peut néanmoins parler de manière générale de schéma politique particulier.

- 24 novembre 1965 : Le coup d'État orchestré à Kinshasa n'aurait pas pu avoir lieu sans appuis occidentaux, qui craignent un basculement du géant africain dans la sphère de l'Union soviétique. Le colonel Mobutu représente à leurs yeux la seule alternative face à la politique prônée jadis par le panafricaniste Lumumba et à l'incapacité du président Kasa-Vubu de stabiliser son gouvernement.
- De 1970 à 1980, le Zaïre constitue une forme de rempart anti-communiste en Afrique, une situation d'autant plus attrayante pour les pays occidentaux que l'endiguement de la sphère soviétique (ex. Congo-Brazzaville), s'accompagne d'un accès au très important sous-sol minier (cuivre, uranium, cobalt, etc.).

Ainsi, en parallèle de la coopération militaire avec des pays comme la Belgique et la France, le Zaïre a également servi de principale base arrière d'approvisionnement en armes de la rébellion du Front national de libération de l'Angola FNLA de Holden Roberto et l'UNITA de Jonas Savimbi, soutenue par les États-Unis et l'Afrique du Sud, contre le régime marxiste angolais. Un élément clé du conflit dans le Sud-Ouest africain transite ainsi par le canal du régime zaïrois et ce, en échange d'un soutien politique externe mais aussi interne.

- 1977 : des rebelles « katangais » venus d'Angola envahissent le Shaba, les troupes de Mobutu sont impuissantes, les rebelles sont repoussés par des troupes marocaines acheminées par l'aviation française[17]
- mai 1978 : à nouveau, 4 000 rebelles venus d'Angola, « les gendarmes katangais », attaquent la ville minière de Kolwezi, comme on les accuse d'avoir massacré des Européens, la Légion étrangère française et des soldats belges interviennent pour mater la rébellion[18].

Dans ces deux opérations, certains ont pu voir une tentative des marxistes angolais d'affaiblir Mobutu qui soutient l'UNITA et le FNLA. Les rebelles en tout cas en noyant les mines de Kolwezi, font aussi fuir pour de bon les ingénieurs, ce qui affaiblit l'économie zaïroise à long terme. Cette guerre interposée entre Luanda et Kinshasa montre aussi l'importance du Zaïre aux yeux des Occidentaux. Pour autant, en dépit des liens étroits entretenus avec les capitales occidentales, le président Mobutu ne ferme à aucun moment véritablement la porte aux pays situés dans l'orbite soviétique et à la Chine. En réalité, il s'agissait plus d'affinités du régime zaïrois pour les oripeaux des différents systèmes communistes que pour l'idéologie de base. Ainsi, le modèle de la révolution culturelle de Mao inspire le dirigeant zaïrois, qui l'adapte à son pays :

- naissance de l'abacost (« à bas le costume ») surmonté d'un col mao,
- publication du petit livre vert (1968), recueil des citations de Mobutu, équivalent du petit livre rouge de Mao
- retour à l'« authenticité » des patronymes individuels.

Bien que largement inférieurs à l'aide occidentale, les appuis issus des pays du bloc de l'Est n'en sont pas moins existants à l'instar de la mise à disposition de coopérants dans l'enseignement ou le financement de micro-projets de développement.

Chute de Mobutu (1989-1997)

La démocratisation du régime

Avec la fin de la Guerre froide, symbolisée par la chute du Mur de Berlin en novembre 1989, le régime de Mobutu perd la plupart de ses soutiens occidentaux. L'arrestation puis l'exécution de son ami Nicolae Ceaușescu en Roumanie semble avoir ébranlé le dictateur. Des manifestations, des grèves, des marches de protestation agitent Kinshasa et d'autres centres urbains. Le 24 avril 1990, dans le "Discours de la démocratisation", Mobutu annonce une série de réformes politiques pour son pays : abandon de la présidence du MPR, multipartisme, des élections d'ici deux ans[19]. Un premier ministre est nommé fin avril. Porté par ce revirement, l'épiscopat zaïrois propose l'organisation d'une Conférence Nationale Souveraine pour soutenir la transition démocratique. Mobutu accepte. Pendant environ un an et demi (août 1991-décembre 1992), la Conférence, réunie à Kinshasa, discute d'une nouvelle constitution pour remplacer celle de Luluabourg (1964) mais ne débouche sur rien. Une "marche de l'espoir" organisée par les chrétiens de Kinshasa est réprimée dans le sang le 16 février 1992[20]. Contrairement au vœu de la rue, Mobutu ne compte pas abandonner le pouvoir. L'élection d'Étienne Tshisekedi wa Mulumba, principal leader de l'opposition radicale, comme premier ministre par les Conférenciers[21] n'apporte pas de changement. Mobutu le démet de son poste le 5 février 1993.

La tentatives de libéralisation du régime ne résolvent pas la crise économique. Dans les années 1990, le PIB diminue. Le pays n'arrive plus à assumer le service de la dette. Les services publics s'effondrent, l'inflation galopante ruine le pouvoir d'achat (+ 9769 % en 1994[3]). Le 21 septembre 1991, des soldats, impayés, pillent les magasins de Kinshasa et d'autres villes. Nouvelles scènes de pillage, du 28 au 30 janvier 1993, dans la capitale, beaucoup plus violent : on compte environ un millier de morts dont l'ambassadeur de France[22].

Arrivée au pouvoir de Laurent-Désiré Kabila

Le génocide au Rwanda redonne une crédibilité internationale au maréchal Mobutu. Il accepte d'accueillir en Ituri les réfugiés rwandais fuyant la zone de l'opération Turquoise. Le Zaïre accueille 1,5 millions de personnes. Au Rwanda, les tutsis ont pris le pouvoir mais s'inquiète de la présence à la frontière zaïroise de ces camps de réfugiés principalement hutus : ils craignent qu'ils ne reprennent les armes et entre au Rwanda. Déjà, ces réfugiés Hutu sont accusés de persécuter les Tutsis du Zaïre. En 1996, le président rwandais Paul Kagame excite les tensions.

Physiquement, Mobutu est malade : il souffre d'un cancer de la prostate. Son premier ministre Kengo Wa Dondo exerce de plus en plus de pouvoir. L'armée du Zaïre est déliquescente. Seule la Division spéciale présidentielle maintient le régime.

Le Rwanda de Paul Kagame, l'Ouganda de Yoweri Museveni et des Zaïrois se coalise dans un mouvement hétéroclite appelé AFDL (Alliance des Forces démocratiques pour la libération du Congo). Cette rébellion armée, soutenue par les États-Unis de Bill Clinton et l'Angola de Dos Santos, vise officiellement à renverser Mobutu mais sert aussi de couverture à la pénétration par le Rwanda et l'Ouganda du Zaïre pour traquer les réfugiés hutus et accéder aux richesses du sous-sol[23]. Un ancien marxiste congolais, Laurent-Désiré Kabila s'impose à sa tête. Muluba, né à Moba au Katanga, il a milité pour l'indépendance du Congo belge, a fui la guerre civile de 1960-1965 en Tanzanie, devenu là-bas trafiquant d'ivoire et d'or. L'AFDL reçoit le financement de lobbys miniers américains et canadiens. Kabila signera en effet des accords concernant l'exploitation minière avec les sociétés American mineral fields (le futur Adastra), Barrick Gold, First American Diamond, Horsham Corporation, Anglo Gold ashanti.

La faible motivation des soldats zaïrois à résister, la corruption de leurs officiers, la lassitude de la population par rapport au mobutisme facilite l'avancée de l'AFLD[24]. Alors que la rébellion approche de Kinshasa, Mobutu fuit dans sa ville natale de Gbadolite, puis s'envole pour le Togo puis le Maroc. Sans combattre, les forces de l'AFDL entrent dans Kinshasa le 17 mai 1997, bientôt rejointes par Laurent-Désiré Kabila qui s'autoproclame président du pays. L'opposition, historique et non violente, d'Étienne Tshisekedi est ignorée par le nouveau pouvoir.

République démocratique du Congo : vers la paix et la démocratie ? (1997 à aujourd'hui)

Bien que le Zaïre soit rebaptisé République démocratique du Congo, le régime de Kabila s'avère aussi autoritaire que du temps de Mobutu. Le multipartisme est supprimé, une nouvelle constitution met le président à la tête des pouvoirs exécutifs, législatifs et judiciaire. Il est aussi le chef du seul parti autorisé (l'AFLD), de l'armée, de l'administration et de la diplomatie et choisit les ministres.

La guerre interafricaine

Le 26 juillet 1998, volte-face de Kabila qui rompt avec ces anciens alliés extérieurs : le Rwanda et l'Ouganda. Les deux pays déclarent la guerre à la RDC puis l'envahissent. C'est le début de la deuxième guerre du Congo, parfois appelée la Grande Guerre africaine[25], en raison du nombre de pays belligérants et de morts. Terminé en 2003, c'est le conflit le plus meurtrier depuis la Seconde guerre mondiale. Il est pourtant peu couvert par les médias, sûrement gênés par la complexité du conflit[26]. Ne pouvant pas faire face à l'invasion, Kabila appelle les armées angolaise, zimbabwéenne et namibienne à l'aide. À Kinshasa, Didier Mumengi, ministre de l'information et porte-parole du gouvernement, lance le mot d'ordre de résistance populaire. Il invente le slogan "la Paix se gagne" et organise des "Forces d'Auto-défense Populaire" (FAP). Les envahisseurs se divisent entre le MLC (Mouvement pour la Libération du Congo) de Jean-Pierre Bemba soutenu par l'Ouganda et le RCD soutenu par le Rwanda.

Le président Laurent-Désiré Kabila est assassiné par un garde du corps le 16 janvier 2001. Son fils Joseph Kabila, 28 ans, lui succède immédiatement.

La normalisation

En 2003, Kabila démarre une transition démocratique. Une nouvelle constitution est adoptée par referendum en 2005. L'année suivante, les premières élections libres depuis 1966 confirment Kabila à la tête du pays. Il remporte son deuxième mandat en décembre 2011, les observateurs nationaux et internationaux des élections jugeant toutefois les élections comme manquant de crédibilité et de transparence[27]. Le pays reste troublé à l'est, dans le Kivu et en Ituri, par des bandes armées, des dissidents et des déserteurs.

Chapitre 2

Histoire du Congo précolonial (RDC)

L'**histoire du Congo précolonial** résume l'histoire des peuples de l'actuelle République démocratique du Congo, depuis l'apparition des premières traces humaines sur le territoire jusqu'à la période de colonisation.

Les origines

Des outils de pierre de 1,8 million d'années ont été retrouvés au nord du lac Édouard. Il y a 90 000 ans, premiers harpons d'os découvert jusqu'ici dans le monde[1].

Les Pygmées sont les premiers habitants : nomades chasseurs-cueilleurs. On a retrouvé des outils de pierre, on sait qu'ils connaissent les plantes aux pouvoirs curatifs et hallucinogènes. Il existe des preuves de commerce de pierre obsidienne et de pierre à feu, échangés sur des distances de plus de 300 km. Premiers indices de commerce d'esclaves pour l'Égypte des pharaons : mentions d'esclaves nains, experts en danse[1].

Immigration bantoue

De 2000 av. J.-C. à 500 av. J.-C., des vagues de migrations bantoues arrivèrent au Congo de la région de l'actuel Nigeria. Les Bantous s'installèrent d'abord sur les côtes et les plateaux du sud et de l'est et évitant la forêt dense. Les Bantous apportèrent l'agriculture extensive qui demande de défricher chaque année de nouveaux terrains (premières traces au Cameroun)[1]. Les hommes défrichaient et les femmes cultivaient. Ils fabriquaient des vêtements avec une matière textile tirée de la feuille de bambou. Les peuples bantous eurent des connaissances avancées en médecine, comme le vaccin (Kutéma Lulindi). Vers l'an 1000 tout le pays est habité[1]. On cultive principalement de l'igname[1]. Traces de poterie[1].

Vers l'an 500 av. J.-C., il est introduit la banane plantain à la production dix fois supérieure à l'igname[1]. L'agriculture n'intervient que pour 40% de l'alimentation. L'usage du fer commence à se répandre[1]. Le tambour à fente, sorte de gong, permet de communiquer sur de longues distances, jusqu'à dix kilomètres. Le langage tambouriné est très développé : il permet de transmettre de nombreuses informations[1].

Vers le XIVe siècle, apparition des premiers grands royaumes (Kongo, Kuba, Luba, Lunda)[1]. La personnalité du roi est déterminante : elle fait la grandeur ou la décadence du royaume; la succession conduit souvent à des guerres civiles[1]. Le commerce d'esclaves se renforce : les esclaves se vendent sur le "marché intérieur"[1].

D'autres migrations de populations issues des régions du Darfour et de Kordofan au Soudan se produisirent au nord du Congo, ainsi que d'Afrique orientale, ajoutant une composante nilotique au mélange des groupes ethniques.

Essor du commerce international

1482 : débarquement des premiers portugais. 1491 : premier roi chrétien, chez les Bakongo. 1506-1560 : le nouveau roi chrétien ouvre une période de prospérité, suivie d'une crise profonde[1]. Le commerce d'esclaves se développe pour le commerce avec les Portugais. Premier évêque noir, formé au Portugal[1]. Construction d'une cathédrale et d'églises[1]. Le Christianisme est considérée comme source de puissance pour contrer le pouvoir de la sorcellerie. Il restera des traces de cette courte période de christianisation dans les noms de personnes, certains rituels, amulettes ou le souvenir de mystiques locaux[1].

La fondation de la colonie portugaise de Luanda en Angola, en 1575, va bouleverser, en cinquante ans, le régime alimentaire des habitants du bassin congolais : le manioc, plante plus nourrissante et plus facile à cultiver, est introduit et se répand dans les régions forestières, le maïs, qui se récolte deux fois au lieu d'une fois pour le sorgho, dans les régions de savane[1].

1700 : le commerce d'ivoire et surtout d'esclaves s'intensifie à partir de la région proche de l'embouchure du fleuve : entre quatre et six mille esclaves sont expédiés vers les Amériques chaque année. Vers 1780, ce sera 15 000 par an, enlevés lors de raids ou enfants vendus par des familles pauvres et amenés à des commerçants portugais, français, hollandais ou britanniques[1]. Kinshasa est un village-marché qui se développe grâce au commerce qui est devenu intense, mais n'est qu'une étape dans le commerce vers la côte où se contonnent les Européens. Sur le fleuve on transportait jusqu'à cinquante tonne de manioc, surtout sous forme de chikwangue, par jour[1]. Mais aussi du poisson, du sucre de canne, de l'huile de palme, du vin de palme, du vin de canne à sucre, de la bière de sorgho, du tabac, du raphia, des ouvrages de vannerie ou de sparterie, des poteries ou du fer, et d'autres biens comme de la poudre[1]. La puissance financière des commerçants fit chanceler la puissance des rois et chefs de tribus; les liens politiques furent bouleversés, la société ancestrale fut battue en brèche, le chaos s'installa[1].

Caractéristiques culturelles au XIXᵉ siècle

Chaque ethnie/tribu avait développé des caractéristiques culturelles propres. Voir notamment ci-dessous pour quelques royaumes.

L'éducation se caractérisait par les rites d'initiation à l'adolescence. Le fétichisme était très développé[1].

L'anthropophagie était largement pratiquée[1], notamment par les Azande[3]. Le sacrifice humain, dans le cadre religieux, y était associé[1].

La polygamie était largement pratiquée[1].

Il était de coutume d'avoir des esclaves, les chefs de village pouvant en posséder plusieurs dizaines, avec droit de vie et de mort[1].

La cuvette centrale était au XIXe siècle le lieu de luttes tribales ou entre royaumes, luttes souvent accompagnées de cruauté : massacres, viols, amputation de membres, pillages, flots de fugitifs, déportations d'esclaves[2].

L'anthropophagie était une coutume fréquente[1], pratiquée par de nombreuses ethnies tels les Azande[3].

La traite négrière à l'Ouest du Congo

La traite négrière commence dès le milieu du XVIe siècle avec les Portugais, suivis au XVIIe par les Pays-Bas, l'Angleterre et la France. Des marchands d'esclaves autochtones vendaient aux Européens les esclaves qu'ils avaient capturés. Au début du XIXe, l'Europe interdit ce commerce qui continue cependant dans l'illégalité jusqu'au milieu du siècle[2]. L'impact sur l'Afrique centrale fut immense, source à la fois de dévastation et de souffrances comme d'enrichissement des intermédiaires, de développement du commerce (encore basé sur le troc, d'introduction de nouveautés grâce à l'intensification des échanges[1].

Les sultanats de l'Est

Alors qu'à l'Ouest le commerce d'esclaves se tarit, il commence à l'Est sous une forme différente : des sultanats sont fondés, les razzias sont organisées par les étrangers eux-mêmes. Vers 1860, les Arabes esclavagistes pénètrent au Maniema à partir de Zanzibar, devenu sultanat en 1861, dont l'économie était basée sur la vente d'esclaves dont certains allaient jusqu'en Inde auprès de riches musulmans[1]

.À partir de 1870, les arabisés, étendirent leur zone d'action jusqu'au bassin du Congo. En 1890 leur zone d'action s'étendait sur un tiers du territoire du Congo. Ils faisaient aussi le commerce d'ivoire. Pour se procurer les esclaves et l'ivoire, ils utilisaient des bandes de Noirs bien organisées, armées et généralement conduites par des esclaves noirs émancipés.

Ces esclaves étaient généralement islamisés; très vite ils apprenaient le Coran et les coutumes musulmanes[1].

Voici la liste de ces sultans plus ou moins indépendants dans les années 1980-90[2] :

Sultan Tippo-Tipp, puis Rachid aux Stanley-Falls. En 1885 Tippo-Tip se serait taillé un fief regroupant les villes de Kasongo, Nyangwe et Kabambare.

Sultan Kibonge à Kirundu.

Sultan Mserera à Lukandu.

Sultan Dougombie puis Munie Mohara à Nyangwe (ville-garnison fondée en 1860).

Sultan Sefu à Kasongo.

Sultan Bwana N'zige à Kabambare.

Sultan Mohamed Ben Halifa, dit Rumaliza (qui détruit tout) contrôlait la région du Tanganyika.

Stanley décrit l'étendue des ravages. Quelques chiffres : sur 118 villages razziés, capture de 3600 esclaves, et plus de 2500 hommes tués. En cinq campagnes, capture de 10 000 esclaves, 33 000 morts[4].

Certains estiment à 55 000 déportés par an : 2 millions de Congolais auraient été emmenés en esclavage entre 1860 et les années 1980. Au moins deux autres millions auraient été tués pour leur capture ou lors de l'exil. Les destructions, pillages, exils forcés ont causé misère et fragilité face aux maladies, déstructuré et affaibli les sociétés traditionnelles[2]. Le missionnaire belge Roelens visita la région du Tanganyika en 1992 et confirme les horreurs commises par les esclavagistes[5].

Le royaume Kongo

À l'ouest, l'Empire Kongo, très ancien (datant peut-être du IVe siècle), occupe à son apogée un territoire s'étendant sur l'ouest du Congo démocratique, la République du Congo et l'Angola. Son économie s'appuie sur l'agriculture (igname, bananes plantain, huile de palme). Les relations entre les bakongos et leurs voisins du nord-est, les batékés sont hostiles mais aussi commerciales.

Avec l'entrée en contact avec les Portugais en 1482, le royaume connait une ère de prospérité[1]. À partir de 1532 les Bakongos lancent des raids contre les ethnies voisines afin de fournir des esclaves aux Portugais contre des marchandises (fusils, habits, verre, fruits). En 1568 ce n'est qu'avec l'aide des Portugais que les Bakongos parviennent à repousser l'invasion des Yakas, un peuple de razzieurs nomades. Dès l'année suivante, les Portugais n'hésitent pas à s'emparer d'esclaves parmi les sujets du roi.

En 1665, après de nombreuses divisions internes des Kongos, les Portugais arrivent à soumettre ceux-ci à la bataille d'Ambuila ; ils déportent de nombreux Noirs comme esclaves au Brésil avec la complicité de certains commerçants africains. Leur port de déportation est Emboma, l'actuelle Boma.

Le royaume Kuba

Le royaume Kuba se forma dans le Kasaï occidental et la Luluwa. Ses origines remonteraient au XVe siècle, mais il ne prit réellement son essor qu'au XVIIe siècle, sous le règne de Chamba Bolongongo, appelé Shyam Mbula Ngoong par Vansina (ou Shyam a mbul a Ngoong). Ce souverain encouragea les nouvelles cultures; il aurait introduit les cultures du maïs et du tabac. Il apprit à ses sujets le tissage du raphia et la sculpture et institua un véritable service militaire. Les Bakuba sont renommés pour la beauté de leur art : sens des proportions et sens des couleurs.

Le royaume se caractérisait par l'interdiction du port d'armes de guerre à ceux qui n'étaient pas soldats du roi. Son armée inspirait la crainte des voisins : il n'y eut jamais de chasse aux esclaves dans le royaume.

Le royaume des Bakuba est particulièrement intéressant parce qu'il est le seul, dans cette région d'Afrique, où les souverains avaient institué une charge de gardien des traditions orales : le Moaridi. Au Mali, on retrouve cette similitude dans la charte du Manden (Kurukan Fuga), au XIIIe siècle, qui désigne les griots du roi (familles Kouyaté et Diabaté). Par ailleurs, l'art de la sculpture et de la décoration y a atteint un niveau remarquable.

À la fin du XVIIe siècle, les Luba envahirent le royaume Kuba. Celui-ci perdura néanmoins jusqu'à sa soumission par les Belges en 1904. Les Bakuba étaient les populations congolaises les plus aptes à se défendre contre les menées de la force publique avec les Baboa et les Babudje.

L'espace Baluba

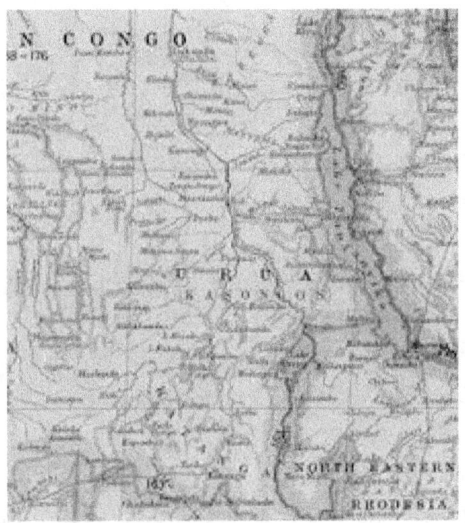

L'Urua (littéralement "pays des rivières"), domaine du Kasongo, dernier souverain luba indépendant, livré en 1887 au trafic entre le Maniema gouverné par Tippo Tip et le Garangeza dirigé par M'Siri, puis annexé à l'État indépendant du Congo en 1894.

Au XVIᵉ siècle, les Balubas, un peuple venant du Katanga, né de la sécession d'un clan de l'ethnie Songhoy, migre vers le nord entre la rivière Kasaï et le lac Tanganyika. Les Balubas vivaient alors dans les provinces actuelles du Kasaï et le nord du Katanga. Les Balubas s'organisèrent en chefferies indépendantes, des sortes de tribus. Parmi les tribus les plus importantes on compte les Bena Lulua, les Bena Tshibanda, les Bena Mpuka, les Bena Mualaba, les Bena Mutombo, les Bena Luntu, les Bakwanga ou encore les Bena Mukuna.

À la tête de chaque chefferie se trouvait un *bulopwe*, l'empereur de tous les Balubas ; le *kalamba* n'avait quant à lui qu'un titre symbolique. Le premier empereur des Balubas sera Kongolo, qui selon la tradition serait aussi l'ancêtre des Basonges.

Nombreuses étaient les autres ethnies qui vivaient aux côtés des Balubas (Basonge, Tetela, etc.), mais les Balubas les dominèrent économiquement, étant plus nombreux. Ainsi leur langue, le kiluba, servait de langue interethnique. Si au Kasai l'organisation politique ne dépassait pas le village, les Balubas du Katanga regroupaient plusieurs villages sous l'autorité d'un seigneur, le Kilolo. Des conflits armés opposèrent les

Baluba à leurs voisins mais il y avait aussi des conflits entre différents bulopwes.

Des fouilles archéologiques près du lac Kisale ont révélé que les Balubas utilisaient dès le IXe siècle une monnaie de cuivre cruciforme, les croisettes de différents poids. Chaque roi avait sa capitale. Si les Baluba utilisaient le tam-tam comme moyen de communication à longue distance, ils avaient aussi un oracle, le lubuko, sorte de maison avec une porte d'entrée à l'arrière et un mur en bois à l'avant. La personne à l'intérieur répondait alors aux questions par oui ou par non aux questions posées par l'interlocuteur devant le mur, en tapant sur le mur en bois.

Les villes de Lusambo et de Kabinda étaient les plaques tournantes du commerce des esclaves. Au XIXe siècle, juste avant la pénétration européenne, les Balubas ne purent résister aux envahisseurs Tchokwés et Lélés. C'est aussi à cette époque qu'apparurent les premiers fusils.

L'empire Lunda

L'empire Lunda en 1890 au sud est de l'État indépendant du Congo. Alors ravagé par les marchands d'esclaves Tchokwés armés de fusils, il sera partagé entre celui-ci et le Portugal (Benguela, futur Angola).

Au sud, l'Empire Lunda s'établit sur l'extrême sud du Katanga. La capitale de l'empire était Musumba. Son influence durera du XVIe siècle au XIXe siècle. Les Lundas croyaient en un dieu unique au ciel auprès duquel reposent les défunts. Après la mort d'une personne, ils organisaient des danses qui imitaient les mouvements d'un oiseau afin que l'âme de la personne s'envole au ciel. Il s'agissait d'un oiseau aquatique car pour eux l'eau était symbole de vie. Ils étaient en contact avec les Wambundus, auxquels les souverains Lundas vendaient leurs sujets comme esclaves, ensuite revendus par ceux-ci aux colons portugais du Brésil. En 1789, l'explorateur portugais Francisco Maria Cerdas explora l'empire. De retour en Europe, il rendit compte des étonnantes richesses minières présentes là-bas. Les négociants arabes et swahilis achetaient aussi des esclaves lunda, déportés au Yémen, à Oman ou en Arabie saoudite. Cette pratique dépeupla et affaiblit l'empire. Les Lunda connaissaient donc probablement l'alphabet arabe et la langue swahilie était connue de tous les nobles et des commerçants de la région. Elle servait de langue de commerce entre les commerçants arabes et africains de la région.

Le Garangeza

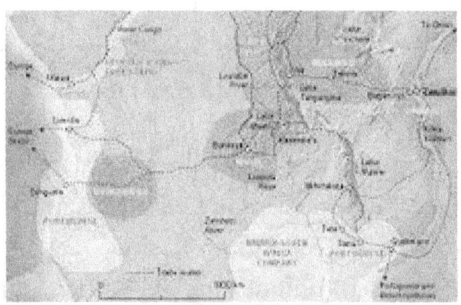

Expansion coloniale swahilie en concurrence avec les Portugais et les anglais. le Garangeza était au centre d'un réseau d'alliances et de routes commerciales.

Le Garangeza est l'État créé par M'Siri en 1856. Il persiste aujourd'hui sous la forme d'une chefferie traditionnelle[6].

Galerie

Représentation de l'Afrique centrale en 1690

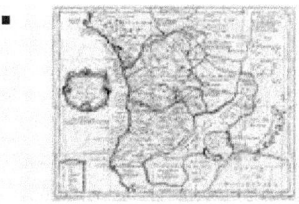

Représentation des territoires des royaumes Kongo, Bengela et Angola en 1754

Chapitre 3

Colonisation du Congo

La **colonisation du Congo** s'opéra durant la période comprise entre la première exploration du Congo-Kinshasa par Henry Morton Stanley (1867) jusqu'à l'annexion du pays par la prise de possession par le roi Léopold II de Belgique (1885).

Chronologie

1578 : le Portugais Duarte Lopez est le premier occidental à remonter le fleuve Congo.
1874-1877 : exploration du fleuve Congo par Henry Morton Stanley.
1876 : fondation de l'Association internationale africaine (AIA) par Léopold II de Belgique.
1879 : retour de Stanley au Congo pour coloniser des terres au travers de l'AIA.
1885 (novembre) à 1886 (février) : conférence de Berlin.
1886 : le roi Léopold II devient roi de l'État indépendant du Congo (EIC).
1908 : le roi Léopold II cède l'EIC à la Belgique, naissance du Congo belge, charte coloniale pour la gestion du Congo et scandales dans la presse belge.
1914-1918 : entrée en guerre de la Belgique et du Congo aux côtés des alliés.

1940-1945 : entrée en guerre de la Belgique et du Congo aux côtés des alliés.
1959 : émeutes à Léopoldville pour l'indépendance
1960, le 30 juin : indépendance du Congo.

Premières explorations européennes

La région du fleuve Congo était la dernière partie d'Afrique qui n'avait pas encore été visitée par les explorateurs européens. Un par un, les mystères de l'Afrique avaient été résolus : les côtes par le portugais Henri le navigateur au XVe siècle; le Nil Bleu par James Bruce en 1773; le haut Niger par Mungo Park en 1796; les limites du Sahara par Laing, Caillié, et Clapperton dans les années 1820; les mangroves marécageuses du bas Niger par les frères Lander en 1830; l'Afrique australe et le Zambèze par Livingstone dans les années 1850; le haut Nil par Burton, Speke, et Baker au cours d'une série d'expéditions entre 1857 et 1868. Bien que le Congo fut l'un des premiers pour lesquels des expéditions aient été menées (Diogo Cão), il demeurait un mystère.

Depuis le XVe siècle, les explorateurs européens ont navigué dans l'estuaire du fleuve Congo, envisageant de remonter les chutes et rapides qui commençaient à seulement quelque 160 kilomètres de l'embouchure, et ensuite voyager sur la rivière jusqu'à sa source inconnue. Tous échouèrent. Les chutes et rapides, pour ce qu'ils en savaient, s'étendaient sur quelque 350 kilomètres vers l'intérieur, et le terrain proche de la rivière était impraticable (et l'est toujours de nos jours). Les tentatives répétées de s'aventurer plus loin restèrent vaines, avec de nombreux incidents. Accidents, conflits avec les indigènes, et surtout les maladies tropicales inconnues, virent d'importantes expéditions bien équipées ne pas progresser de plus de 60 kilomètres et passer les premiers rapides, le légendaire Chaudron de l'enfer.

Exploration de Stanley

Henry Morton Stanley

La cuvette du Congo ne fut pas explorée avant 1867 par les européens. Ce ne fut pas par l'embouchure du fleuve mais par la côte orientale de l'Afrique que ces premières expéditions furent menées. Partant de Zanzibar, le journaliste américain Henry Morton Stanley devait retrouver le célèbre explorateur D^r. Livingstone. Livingstone n'avait plus donné signe de vie depuis plusieurs années, parcourant les alentours d'une grande rivière continentale navigable, la Lualaba, que Livingstone espérait faire partie du haut bassin du Nil, mais qui s'avéra en fait être le Congo supérieur.

Au cours d'un second voyage, Stanley descendit sur 1 600 kilomètres la Lualaba, jusqu'à un large lac qu'il nomma Stanley Pool (actuellement Pool Malebo), sur les rives duquel se trouvent les actuelles Kinshasa et Brazzaville. De là, plutôt que de se risquer dans la région impénétrable des cascades, Stanley fit un grand détour par le sud, jusqu'à atteindre le comptoir commercial portugais de Boma, sur l'estuaire du fleuve. Il fut le premier Européen à traverser l'Afrique d'est en ouest après Verney Lovett Cameron (ce qui semblerait vouloir dire qu'il était en fait le second).

Prélude à la conquête

Quand Stanley retourna en Europe en 1878, il n'avait pas seulement trouvé le docteur Livingstone (une rencontre qui demeure légendaire aujourd'hui), mais il avait résolu le dernier mystère de la découverte de l'Afrique, et s'était ruiné la santé. Il avait aussi ouvert l'Afrique centrale au reste du monde. Ce fut son apport majeur. Stanley fut acclamé en Europe. Il écrivit des articles, apparut à diverses conférences, sollicita sans répit les riches et les puissants. Et son combat était l'exploitation des opportunités commerciales illimitées dans les territoires qu'il avait découvert ou, selon sa propre expression, « pour la civilisation de l'Europe dans la barbarie de l'Afrique ».

C'est à ce moment que le roi Léopold II de Belgique intervint.

En tant que monarque constitutionnel, Léopold avait la charge de ses obligations constitutionnelles régulières, soit d'ouvrir les sessions parlementaires, d'intervenir dans les crises ministérielles (le roi nomme et révoque les ministres selon la constitution belge) et d'apporter son accord ou son opposition aux lois en les contresignant ou refusant de les entériner. En plus d'avoir le commandement de l'armée et de régenter, de concert avec le gouvernement, le corps diplomatique. Le pouvoir politique d'un roi des Belges était donc -et est toujours- partagé avec le gouvernement sans lequel il est impuissant. Cependant, pendant plus de 20 ans, Léopold II se démena avec ruse et persévérance pour que la Belgique prenne sa place parmi les grandes puissances coloniales d'Europe, les gouvernements et les chambres belges lui laissant, sur le plan international, une liberté d'action qui lui venait des liens de famille de son père Léopold Ier, devenu roi des Belges à l'issue de la révolution belge de 1830. Léopold Ier avait soigné ses liens de famille avec les monarchies allemande et anglaise, ce qui avait concouru à affirmer l'indépendance belge. Mais les frontières du pays avaient été rongées à travers les siècles (et encore en 1839 par la perte de la moitié du Limbourg et de la moitié du Luxembourg). Aussi, Léopold II notait-il: « Nos frontières ne pourront jamais s'étendre en Europe ». Mais il ajoutait : « depuis que l'histoire nous apprend que les colonies sont utiles, qu'elles jouent un grand rôle dans ce qui peut faire la puissance et la prospérité des états, il est temps pour nous d'en avoir une également ».

À diverses reprises, il échafauda des projets d'achat d'une province en Argentine, d'acheter Bornéo aux Pays-Bas, de louer les Philippines à l'Espagne, ou d'établir des colonies en Chine, Viêt Nam, Japon, ou sur les îles de l'océan Pacifique, en particulier aux Fidjis. Quand les explorateurs des années 1860 focalisèrent leur attention sur l'Afrique, Léopold envisagea de coloniser le Mozambique sur la côte orientale, le Sénégal sur la côte nord-occidentale, et le Congo au centre. Aucun de ces projets ne put être mené à terme : le gouvernement belge commençant d'abord à résister à toutes ces suggestions, voyant l'acquisition d'une colonie comme un moyen de perdre de grandes sommes d'argent en n'en recevant que peu en retour.

Cependant, Léopold II finira par obtenir des appuis financiers dans la conquête du Congo, ce qui lui permettra d'y envoyer l'explorateur Henry Morton Stanley et, avec l'accord du gouvernement belge, des officiers chargés de passer avec les chefs indigènes des accords qui les subordonnaient à l'autorité du grand chef blanc, le roi lui-même.

La détermination du roi Léopold II à établir un État africain fut à l'origine de la constitution de l'État libre du Congo par Stanley.

Au début de cette vaste entreprise, le roi avait donc eu à faire face aux réticences du gouvernement belge. La réponse de Léopold avait été extraordinaire dans sa simplicité : si le gouvernement belge n'envisageait pas de prendre une colonie, il le ferait simplement en son nom propre, utilisant son droit de propriété en tant que citoyen ordinaire. Il demanda au Père De Deken (Pater DE DEKEN) de se rendre en Chine et au Congo afin d'évangéliser et coloniser ces pays, ce que celui-ci fit en développant le réseau des Pères Blancs. Le centre de l'Afrique, encore presqu'inconnu par les Européens, apparaissait au roi comme la contrée la plus propice à ses ambitions. Aussi, dans le but de jouer un rôle dans le concert des grandes puissances qui commençaient à s'intéresser à l'Afrique, en 1876, Léopold II organisa-t-il une conférence géographique internationale à Bruxelles, invitant des délégations de toutes les sociétés scientifiques de l'Europe entière pour discuter de problèmes scientifiques et philanthropiques tels les méthodes de cartographie, pour prévenir la ré-émergence du trafic d'esclave sur la côte occidentale de l'Afrique, et pour discuter de la meilleure façon de fournir un support médical au continent. À la clôture de la conférence, Léopold proposa l'établissement d'un comité international philanthropique, et il se proposa modestement d'en assurer la présidence. Pour les apparences, il fit tenir une autre conférence l'année suivante, mais dès ce moment, l'Association internationale africaine fut simplement la façade des ambitions de Léopold. Il créa une série d'organisations subsidiaires, dont la plus notoire fut l'Association internationale du Congo, qui n'avait qu'un seul actionnaire : Léopold lui-même.

Peu après le retour du Congo de l'explorateur américain Henry Morton Stanley, le roi Léopold II entreprit de recruter celui-ci. Stanley, en attente d'un intérêt de la part du Royaume-Uni, éluda d'abord ces propositions. Mais Léopold insista et Stanley céda. Léopold était, semble-t-il, le seul Européen disposé à financer le rêve de Stanley : la construction d'un chemin de fer, c'est-à-dire depuis la mer à travers les Monts de Cristal jusqu'au Pool Malebo, à partir duquel des bateaux pourraient remonter le fleuve sur quelque 1 600 kilomètres au cœur de l'Afrique. Stanley, plus habitué aux rigueurs du climat africain et aux complexités des structures sociales africaines que Léopold II, persuada celui-ci que la première étape devait être la construction de ce chemin de fer ainsi que d'une série de postes fortifiés. Léopold fut d'accord, et dans le plus grand secret, Stanley signa un contrat de cinq ans avec un salaire de 1 000 livres par an, et se rendit à Zanzibar sous un nom d'emprunt. Pour éviter la découverte prématurée du projet, le matériel et les travailleurs furent acheminés par différentes routes, et les communications entre Stanley et Léopold furent confiées au Colonel Maximilian Strauch. C'est seulement à ce moment que Stanley fut informé de l'ampleur des ambitions de Léopold : Stanley ne devait pas seulement établir des comptoirs commerciaux, il devait secrètement édifier un État complet. Les instructions étaient directes et claires : « Il est question de créer un nouvel État, aussi étendu que possible, et de l'organiser. Il doit être clairement compris que dans ce projet, il n'est pas question de garantir le moindre pouvoir politique aux populations nègres. Ce serait absurde. »

Le Peace

Ne voyant rien de répréhensible dans les ambitions de Léopold, Stanley se mit à la tâche. Il était indubitablement fait pour ce travail. Pendant trois ans, il s'illustra par sa puissance de travail, sa capacité à tirer parti de la confrontation des deux groupes humains qu'étaient les Européens et les Africains, sa brutalité dans l'usage de la force, sa promptitude à abattre ses opposants, et par-dessus tout sa volonté d'ouvrir la route vers l'amont du Congo.

Au cours des années suivantes, Stanley expliqua que la part la plus horripilante de son travail n'était pas de faire progresser le vaste chantier ou de négocier avec les indigènes, mais de garder le contrôle sur le groupe d'hommes malades qu'il avait emmenés avec lui dans ses expéditions ; il faisait en permanence état de problèmes de rang ou de statut. « A peu près tous », écrivit-il, « réclamaient des biens de toute sorte, incluant notamment (...) du vin, du tabac, des cigares, des habits, des chaussures... et d'autres extravagances sans nom » (en fait, de séduisantes esclaves pour chauffer leur lit).

Épuisé, Stanley retourna en Europe pour rendre compte à Léopold qui lui avait promis par ailleurs un assistant de poids : l'anglais 'Chinese' Gordon (qui décida finalement de refuser l'offre de Léopold pour lui préférer les projets britanniques au Soudan, à Khartoum). « Il est indispensable », lui notifia Léopold, « que vous achetiez pour le *Comité d'Études* (c'est-à-dire Léopold lui-même) autant de terres que vous puissiez obtenir ».

Ayant établi un port d'attache dans le Congo inférieur, Stanley décida en 1883 de remonter le fleuve pour étendre le domaine de Léopold, avec ses méthodes habituelles : négociations avec des chefs locaux et achat de leur souveraineté en échange de biens de peu de valeur, jeu sur la rivalité entre les tribus ; et, si nécessaire, assassinat d'un chef récalcitrant et négociation avec son successeur apeuré. Cependant, comme il s'approchait des Stanley Falls, à la jonction entre le Congo lui-même et la Lualaba (à proximité de la région où il avait retrouvé Livingstone six ans plus tôt), il devint clair que les hommes de Stanley n'étaient pas les seuls envahisseurs.

Le négociant zanzibariesclavagiste Tippo Tip intensifia ses razzias sur les villages à réduire en esclavage à la suite de l'avance de Stanley

Tippo Tip, le dernier des grands esclavagistes zanzibaris du XIXe siècle, était bien connu de Stanley, du fait du chaos et de la dévastation qu'amenait l'esclavagisme dans la région. C'est cependant avec l'aide de Tippo Tip que Stanley avait retrouvé Livingstone (qui lui-même avait survécu des années dans la région de la Lualaba grâce à la bienveillance de Tippo Tip). Maintenant, Stanley découvrait que les hommes de Tippo pénétraient vers l'ouest de la contrée pour dominer davantage de population à réduire en esclavage.

Six ans plus tôt, les Zanzibaris qui jugeaient le Congo dangereux et infréquentable avaient conseillé à Stanley de ne pas s'y rendre. Mais quand Tippo Tip apprit à Zanzibar que Stanley survivait et agissait, il fut prompt à réagir. Les villages de la région furent brûlés et dévastés, les fleuves charrièrent des cadavres. Tippo Tip attaqua 118 villages, tua 4 000 Africains, et, quand Stanley atteignit son camp, il retenait 2 300 esclaves, principalement des jeunes femmes et des enfants, enchaînés et prêts à être expédiés à travers le continent jusqu'aux marchés d'esclaves de Zanzibar.

Se trouvant bloqué par le maître du Congo supérieur, Stanley négocia un accord pour construire sa dernière station fluviale, légèrement en aval des Stanleys Falls, à l'emplacement de l'actuelle Kisangani. Au bout de ses ressources physiques, Stanley retourna en Angleterre, et fut remplacé par le lieutenant-colonel Francis de Winton, officier de l'Armée belge. D'autres officiers belges allaient suivre avec l'accord du gouvernement belge qui leur accordait une démission avec, en principe, la garantie qu'ils pourraient toujours réintégrer les rangs de l'armée.

La colonisation belge commençait. L'intérêt, en Belgique s'accrut pour l'entreprise royale et le parlement finit par reconnaître au roi le titre de souverain de l'État Indépendant du Congo, étant entendu que cette fonction ne se confondait pas avec celle de roi constitutionnel de la Belgique. Et le parlement belge finit par voter des crédits au fur et à mesure que se développait l'état indépendant et que des Belges y partaient aux ordres du roi, militaires, prospecteurs et missionnaires. L'évangélisation des populations païennes paraissait un excellent moyen de les rallier à l'œuvre royale de construction d'un État. Déjà, se profilait la perspective d'une annexions par la Belgique. Et d'ailleurs, la construction du chemin de fer du Bas-Congo (le premier chemin de fer d'Afrique) allait ouvrir un débouché aux produits du centre de l'Afrique, le caoutchouc, le cuivre, les diamants et l'or, ce qui permettrait aux sociétés fondées par le roi (avec, au départ, peu de capitaux) secondé par quelques entreprenants capitalistes belges de développer un chiffre d'affaires propre à financer la colonisation et les campagnes militaires contre les trafiquants d'esclaves arabisés. Ainsi, la colonisation s'autofinançait. Des compagnies à charte apparaissaient, c'est-à-dire des sociétés se voyant octroyer de vastes droits d'exploitation et même une autorité civile sur les populations, par des chartes octroyées par le roi qui s'inspirait des pratiques anglaises dans d'autres régions en voie de conquête à travers le monde. Les premiers postes destinés à devenir des villes naissaient et, par un coup d'audace de quelques agents belges du roi, le drapeau bleu à l'étoile d'or de ce qui était le nouvel état indépendant du Congo était hissé à l'extrême sud-est du Katanga, ainsi acquis de justesse avant l'arrivée d'une puissante expédition militaire britannique remontant depuis le Cap.

Chapitre 4

État indépendant du Congo

L'**État indépendant du Congo**, correspondant à l'actuelle République démocratique du Congo, est un territoire sur lequel le roi des Belges Léopold II exerça une souveraineté de fait de 1885 à 1908.

Léopold II commence à nourrir des ambitions colonisatrices à l'égard du Congo en 1877 après avoir, avant même son accession au trône de Belgique en 1865, étudié d'autres possibilités, dont la Chine, le Japon, Bornéo, Fidji, le Haut-Nil…

Il est assuré d'une reconnaissance par les autres puissances européennes de ses droits sur le territoire en 1885, à l'issue de la Conférence de Berlin. Sous le contrôle de l'administration de Léopold II, l'État indépendant du Congo connait un développement inédit : construction de voies ferrées, bateaux, développement du commerce, de l'agriculture et d'activités minières, fondations de villes, dont Léopoldville, lutte contre les maladies qui déciment la population, organisation d'une Force Publique, établissement de dispensaires, d'écoles, de centres de développement. L'Est du Congo est délivré du fléau des esclavagistes arabisés. Mais la colonisation a aussi ses défauts : confiscation de terres, irrespect des coutumes, l'application d'un régime de travail forcé, etc. À partir de 1900, des informations diffusées par l'Angleterre dans le but de s'accaparer le Congo concernant les conditions de travail dans l'État déclenchent une vague d'indignation et de protestation, en Belgique où le roi n'est pas très populaire, au Royaume-Uni, puis aux États-Unis et dans quelques pays européens. Une commission d'enquête est nommée et révéla le mensonge de la campagne médiatique.

En 1908, un an avant la mort du roi, la pression de l'opinion publique et les manœuvres diplomatiques conduisent à la fin de la souveraineté de Léopold II sur le territoire et à l'annexion du Congo par la Belgique en tant que colonie, désormais connue sous le nom de Congo belge.

Histoire

Genèse de l'État indépendant du Congo

Léopold II, roi des Belges et souverain de fait de l'État indépendant du Congo de 1885 à 1908.

Léopold II parvient à faire reconnaître la souveraineté de l'Association internationale du Congo (A.I.C.) sur le pays essentiellement pour trois raisons :

- il promet d'en faire un État sans douane (tant les gouvernements français que britanniques imposent alors d'importants droits de douane à l'entrée et à la sortie sur les territoires de leurs colonies) ;
- il octroie à la France, en 1884, un droit de préférence sur les territoires du futur État indépendant du Congo, ce qui signifie qu'en cas de disparition ou de dissolution de cet État, la

souveraineté sur ces territoires serait proposée en premier lieu à la France ;
- tant le Royaume-Uni que la France – et dans une moindre mesure, l'Allemagne – préférèrent confier les territoires du Congo à une petite nation neutre qu'à leur concurrent dans l'impérialisme.

Le regain d'intérêt pour les richesses générées par le territoire limiteront néanmoins la superficie du territoire escompté. Les Français réclament la rive nord du fleuve – l'actuelle République du Congo – et les Britanniques, et principalement Cecil Rhodes, tentent de s'approprier la riche région du Katanga. Léopold II peut finalement espérer obtenir un territoire se confondant pratiquement avec la cuvette centrale du bassin du Congo, dont l'avenir économique reste incertain.

L'expansion française met le Royaume-Uni mal à l'aise, car ce dernier a une prétention sur le Congo qui date de l'expédition du lieutenant Cameron en 1873 : cette expédition, partie de Zanzibar, ramenait le corps de Livingstone. Le Royaume-Uni, cependant, ne souhaite pas prendre possession d'une grande colonie supposée peu productive. Lorsque les investissements dans l'État Indépendant se révélèrent rentables, certains en Angleterre s'efforcèrent de remettre en cause l'autorité du roi Léopold. Le Portugal a une revendication dont les bases sont plus anciennes, puisqu'elles datent des voyages de Diogo Cão à l'embouchure du Congo en 1482. Après avoir été oubliée pendant des siècles, cette revendication réapparaît. Les Portugais cherchent d'abord un soutien français, mais les Britanniques proposent le leur, en échange d'une promesse de libre commerce sur le fleuve. L'Allemagne de Bismarck a de nouvelles possessions en développement dans le Sud-Ouest africain, et n'a pas d'ambition pour le Congo, mais elle est ravie de voir ses rivaux britannique et français se disputer ainsi l'Afrique centrale.

L'État indépendant du Congo

Léopold II entame une campagne d'information au Royaume-Uni, épinglant les rapports relatifs à l'esclavagisme dans les colonies portugaises, et laisse sous-entendre aux grandes compagnies commerciales britanniques qu'il pourrait laisser au Royaume-Uni un statut plus avantageux que celui promis par les Portugais pour le commerce dans le territoire. Dans le même temps, Léopold II promet à Bismarck qu'il ne donnera à aucune nation étrangère de faveur particulière sur le territoire du Congo, et que les Allemands pourront l'exploiter comme tous les autres. Léopold garantit par ailleurs à la France que, s'il n'est pas en mesure de subvenir seul aux moyens nécessaires pour exploiter le territoire – ce qui semble à l'époque être le cas –, ce dernier lui reviendra en priorité. Finalement, il demande l'aide des États-Unis et envoie au président Arthur des copies des traités conclus par l'explorateur britannique Stanley avec les chefs de tribus locales ; il déclare que, dans le cadre de son action humanitaire, l'A.I.C. administrera le Congo pour apporter les bienfaits de la civilisation aux populations indigènes.

En novembre 1884, Bismarck convoque la conférence de Berlin : une conférence qui réunit quatorze États et a pour but de trouver un accord à l'amiable pour le partage de l'Afrique centrale. Après trois mois de négociations, Léopold finit par obtenir satisfaction. La France reçoit 666 000 km^2 sur la rive nord du fleuve – les actuelles république du Congo et République centrafricaine –, le Portugal 909 000 km^2 au sud – l'actuel Angola –, et Léopold II obtient, au nom de l'A.I.C., les 2 344 000 km² qui constitueront l'État indépendant du Congo.

À l'issue de la conférence de Berlin, Strauch, le président de l'Association internationale du Congo, déclare à Bismarck : « La Conférence, à laquelle j'ai le devoir de rendre hommage, voudra bien, j'ose l'espérer, considérer l'avènement d'un Pouvoir qui se donne la mission exclusive d'introduire la civilisation et le commerce au centre de l'Afrique, comme un gage de plus des fruits que doivent produire ses importants travaux. »[1]

La conquête de Léopold II

Armes de l'État indépendant du Congo.

Parmi les problèmes auxquels Léopold dut faire face, celui des ambitions de Cecil Rhodes pour l'extension des territoires britanniques vers le Katanga.

Proclamation

Les Chambres législatives belges, par une résolution adoptée à la Chambre des représentants, le 28 avril 1885, et au Sénat le 30 avril, avait autorisé Léopold II à devenir chef d'un autre État : « Sa Majesté Léopold II, Roi des Belges, est autorisé à être le chef de l'État fondé en Afrique par l'Association internationale du Congo. L'union entre la Belgique et le nouvel État sera exclusivement personnelle. »[1], « personnelle » signifiant que, « pour le gouvernement belge, ce que Léopold II fait en Afrique, il le fait en tant que simple particulier. Le gouvernement n'a donc pas à s'en mêler. Et de fait, sauf à quelques rares moments, le Roi ne tiendra même pas ses ministres au courant du développement de son entreprise. »[2] Les Belges voient d'ailleurs d'un mauvais œil les ambitions du roi. Le 30 avril 1885, Léopold II prend le titre de souverain de l'État indépendant du Congo.

C'est un Anglais, sir Francis de Winton, vice-administrateur général de l'Association internationale de Congo, qui proclamera officiellement sur place, à Vivi, le 1er juillet 1885[3], la fondation de l'État indépendant du Congo et l'avènement de Léopold II comme souverain de cet État. Le 1er avril 1886, Winton a terminé son mandat et retourne en Angleterre, où il est engagé par la British East African Association. La capitale est plus tard transférée à Boma.

Ainsi que l'écrit l'historien Isidore Ndaywel è Ziem[4] : « Fait unique dans l'histoire, l'État nouveau a été reconnu avant que ses frontières ne soient fixées, que son espace ne soit organisé et surtout, que sa population ne soit informée de ce qui lui arrivait. »[5]. Un cas pas si unique puisqu'il fut la règle lors du partage de l'Afrique par les puissances colonisatrices à partir de cartes approximatives avant de procéder au report des frontières sur le terrain.

Léopold II n'a plus besoin de la façade de l'Association internationale du Congo et la remplace par un cabinet composé de Belges dont la mission est d'assurer la gestion de l'État. Pour l'assister dans ses nouvelles fonctions royales de souverain de l'État indépendant du Congo, Léopold II nomme, dès le mois de mai 1885, un cabinet – entendu comme Gouvernement de l'État indépendant du Congo – constitué de trois administrateurs généraux : Maximilien Strauch au département de l'Intérieur, Hubert Van Neuss au département des Finances et Edmond Van Eetvelde au département des Affaires étrangères[6]. Les deux premiers démissionnent de leur fonction en 1890 pour manifester leur profond désaccord avec la nouvelle politique commerciale du roi, et notamment la levée d'impôt sur le caoutchouc et le fait que le produit total des récoltes soit dorénavant réservé au profit de l'État. Van Eetvelde reste en place et endosse les fonctions des deux autres, devenant jusqu'en 1897 monsieur le « Ministre du Congo » pour les parlementaires et la presse de Belgique. Ce cabinet est situé 7, rue Brédérode, à Bruxelles.

Organisation

En 1888, Léopold constitue une milice appelée la Force publique, composée de mercenaires blancs, de militaires belges et étrangers – dont le Danois Olsen qui, naturalisé belge, deviendra général lors des combats victorieux de la Force publique contre les Allemands lors des campagnes de l'Afrique orientale allemande et finira gouverneur général. Les soldats sont notamment des enfants soldats et des esclaves noirs échappés de la traite pratiquée par des trafiquants arabisés dans le nord-est du Congo. Le vaste bassin du Congo est divisé en quatorze districts administratifs, chaque district en plusieurs zones, chaque zone en plusieurs secteurs, et chaque secteur en plusieurs postes. Chaque district est dirigé par un commissaire européen.

La Force publique, à la fois armée et police nationale, s'agrandit progressivement et finira par compter 19 000 hommes en 1910. Portant un uniforme bleu et coiffés un fez rouge, les soldats léopoldiens possèdent un avantage sur les résistants africains : des fusils qui tirent une douzaine de coups sans devoir recharger et que la pluie n'enraye pas. Les Africains ne sont armés quant à eux que de fusils archaïques du XVIIIe siècle, que la pluie rend inutilisables. Pourtant, les Boa, les Budza et les Sanga vont se livrer à une guérilla acharnée, et les Yaka ne seront soumis qu'en 1906. En 1908, la Force publique compte trois cent treize postes militaires qui effectuent souvent des patrouilles, constituées chacune d'une douzaine de soldats noirs et de deux officiers blancs. Les populations congolaises doivent fournir à manger à l'armée. De 1892 à 1894, les relations tendues entre l'État indépendant et les États arabo-swahilis du Maniema dégénèrent en lutte ouverte, ce qui restera peut-être l'épreuve militaire la plus dure et la plus soutenue qui ait accompagné la consolidation du contrôle européen. La défection du plus efficace auxiliaire congolais des chefs-marchands arabo-swahilis, Ngongo Lutete, passé dans le camp belge avec son armée de Bakusu-Tetela en 1892, marque un tournant décisif dans l'équilibre des forces. Cependant, Ngongo Lutete sera exécuté sommairement l'année suivante par un agent de l'État indépendant, événement qui aura un retentissement durable dans la région. Les razzias d'esclaves par des bandes armées organisées par les États arabo-swahilis prennent fin.

Trois problèmes importants se font jour dans ces premières années. Tout d'abord, en dehors des huit stations ou comptoirs développés par Stanley, il n'y a que la jungle, qui n'offre pas d'intérêt commercial. Ensuite, Cecil Rhodes, alors Premier ministre de la colonie britannique du Cap (partie de l'actuelle Afrique du Sud) cherche à progresser davantage vers le nord et à occuper le sud du Congo, contrevenant ainsi à la reconnaissance des limites territoriales de l'État indépendant du Congo par le Royaume-Uni. Et finalement, les esclavagistes zanzibarites de Tippo Tip ont établi une présence forte dans l'est et le nord du territoire, ainsi que sur le territoire de l'actuel Ouganda ; Tippo Tip est ainsi à la tête d'un véritable État indépendant.

Rapidement, le problème de l'expansionnisme britannique au sud du territoire se pose. Le district éloigné et vulnérable du Katanga sur le Haut-Congo est alors occupé par un puissant chef appelé Msiri, qui a déjà rejeté les offres de Cecil Rhodes. Léopold II ne s'embarrasse pas de négociations : il envoie des expéditions armées pour occuper sa capitale. Msiri se retire dans la forêt. Il est capturé, mais il refuse de se soumettre. Sur ordre de Léopold II, Msiri est assassiné et remplacé par un dirigeant plus docile.

Timbres de l'État indépendant du Congo, portrait de Léopold II

Les campagnes contre les Arabo-Swahilis

La prise de possession du territoire par l'E.I.C. allait à l'encontre des intérêts des esclavagistes établis dans l'est depuis 1860. Après plusieurs altercations au début des années 1890, la guerre ouverte éclata début 1892 à la suite d'attaques de postes de l'E.I.C. sur la Lomami. Les postes de Lusambo et d'Albertville furent assiégés, mais résistèrent aux différentes attaques. Kasongo en revanche tomba. La contre-attaque de la Force publique menée à partir de novembre par Francis Dhanis contre Sefu permit de prendre Nyangwe en mars et Kasongo en avril 1893. Le siège d'Albertville avait été levé en janvier avec l'aide de renforts venus de l'est.

La station des Stanley Falls, attaquée à partir de mai, fut secourue par Louis Napoléon Chaltin, qui venait de prendre Riba Riba.

La confrontation finale intervint dans le Maniema à partir de l'automne 1893. Rumaliza, qui avait assiégé Albertville, coalisa les différents sultans arabo-swahilis vassaux de Tippo Tip contre les troupes de l'E.I.C. La forteresse de Rumaliza est prise le 9 janvier 1894, et la dernière position arabo-swahilie, Kabambare, tombe le 25 janvier. Les troupes défaites fuient vers l'Afrique orientale allemande ou se soumettent.

L'État indépendant du Congo sera également occasionnellement impliqué dans la guerre des Mahdistes, notamment à la suite de l'occupation de l'enclave de Lado.

Les révoltes des Batetela

Après la victoire contre les Arabo-Swahilis, le territoire de l'E.I.C. lui était dorénavant entièrement acquis. Mais les voies de communication étaient encore limitées, le pays mal connu, et tenu par de faibles garnisons pour bonne part composées de soldats enrôlés de force. Parmi ces troupes, les Batetela, ethnie originaire des confins du Kasaï et du Maniema étaient en nombre. Ngongo Lutete, un de leurs principaux chefs, avait assiégé Lusambo au début de la guerre contre les Arabo-Swahilis. Rallié un temps aux forces de l'E.I.C., il fut cependant sommairement exécuté en 1893.

Une première révolte des Batetela intervint en juillet 1895 à la garnison de la Force publique de Luluabourg. Elle ne fut définitivement matée qu'en décembre 1896.

Une deuxième révolte Batetela éclata le 14 février 1897 dans la vallée de l'Uele au sein de l'avant-garde de l'expédition du Nil, le jour même où la colonne Chaltin atteignait le fleuve dans l'enclave de Lado. Francis Dhanis, qui commandait la colonne principale de ce qui devait être l'expédition du Nil, ne put maitriser rapidement la situation, lui-même en proie à des défections lors des confrontations. Désormais actifs au Kivu et au Maniema, les mutins ne furent définitivement défaits qu'en décembre 1898.

La dernière révolte Batetela (Révolte des Batetela de Shinkakasa) fut plus limitée. Elle éclata le 17 avril 1900 au fort de Shinkakasa. Elle fut matée au bout de trois jours. Elle vit cependant le bombardement de la ville de Boma voisine par les mutins.

Le premier diamant fut trouvé au Kasaï en 1907.

L'administration de l'État indépendant du Congo

Le décret du 16 janvier 1886 stipule que « Tous les actes du Gouvernement qu'il y a intérêt à rendre publics seront insérés au *Bulletin Officiel* »[1,7]. C'est ainsi que d'un trait de plume, un an presque jour pour jour après la Conférence de Berlin, et sans qu'aucune des nations signataires ne s'en émeuvent, Léopold II, désormais souverain absolu de l'État indépendant du Congo, s'accordait le droit de légiférer en secret.

Sur les terrains domaniaux, c'est le roi lui-même qui envoyait par poste les ordres aux officiers de la Force publique.

En 1908, il y avait moins de 15 000 blancs qui vivaient dans l'état Indépendant du Congo : fonctionnaires et militaires Belges surtout, Britanniques et Américains, qui travaillaient surtout dans le secteur du bois, et du caoutchouc, le reste des Européens étant constitués de Français, Néerlandais,Italiens, et Allemands.

La majorité des Européens vivaient à Léopoldville, et Stanleyville.

Les territoires et le commerce

L'article premier de la Conférence de Berlin disposait : « Le commerce de toutes les nations jouira d'une complète liberté », et que l'article cinq proclamait solennellement : « Toute Puissance qui exerce ou exercera des droits de souveraineté dans les territoires susvisés ne pourra y concéder ni monopole ni privilège d'aucune espère en matière commerciale »[8]. La part pour la Belgique du commerce d'importation est en 1893, de 50%; de 71% en 1906[9].

L'article neuf de la Conférence de Berlin affirmait : « Conformément aux principes du droit des gens, tels qu'ils sont reconnus par les Puissances signataires, la traite des esclaves étant interdite, et les opérations qui, sur terre ou sur mer, fournissent des esclaves à la traite devant également être considérées comme interdites, les Puissances [...] déclarent que ces territoires ne pourront ni servir de marché ni de voie de transit pour la traite des esclaves de quelque race que ce soit »[8]. Le roi Léopold II mit cependant en place un système de travail obligatoire.

Le premier grand changement fut la mise en place du « régime domanial », qui consistait à nationaliser tout territoire qui n'avait pas encore été colonisé. Les terres furent octroyées à l'État et les employés de l'État furent chargés de leur exploitation. Les Africains et les Européens établis en dehors des lieux historiques de colonisation (à l'embouchure du fleuve Congo) se voyaient ainsi dépossédés *de jure* de leur propres terres. Il exigea donc qu'un rendement maximal fût tiré de la colonie et la Force publique exploita donc le caoutchouc et l'ivoire grâce aux populations locales.

Le territoire fut divisé en deux zones économiques : la zone confiée à des entreprises concessionnaires et la zone domaniale, qui était la propriété de l'État indépendant du Congo, et donc de Léopold II.

À partir de 1892, les quatre compagnies concessionnaires, l'ABIR, la Société anversoise, la Compagnie du Kasaï et le Comité spécial du Katanga exploitèrent le caoutchouc et l'ivoire et versèrent un impôt à Léopold II. Sur cette base, le Congo commença à être économiquement autonome vers 1895, soit dix ans après sa reconnaissance par la communauté internationale.

Sur les territoires où ces ressources étaient trouvables, l'État indépendant du Congo imposait des quotas de production d'ivoire et de caoutchouc, fixait les prix et imposait également la fourniture de vivres au comptoir. Les techniques pour pousser les populations à travailler étaient simples : la Force publique menaçait les chefs coutumiers qui, à leur tour, donnaient l'ordre à leurs sujets d'aller récolter du caoutchouc sauvage dans la forêt. Au bout d'un certain temps, les populations finirent par ne plus obéir à leurs notables, et c'est alors que l'on créa des camps où les femmes et les enfants furent pris en otage ; les hommes pouvaient libérer les membres de leur famille contre de l'ivoire ou du caoutchouc. Les conditions de détention étaient telles que beaucoup mouraient de maladie (diphtérie, tétanos) avant d'être libérés. Une fois libérés, les otages et l'homme deviennent inutiles, voire un obstacle à la production, étant donné qu'ils connaissent la tactique de prise d'otages, et ils doivent donc être tués[réf. nécessaire]. Toute cette exploitation reposant sur l'obéissance aveugle des soldats noirs de la Force publique à leurs officiers blancs et au roi, le principal problème pour Léopold II devient vite les mutineries des soldats noirs. Il y eut trois grandes mutineries en 1895, en 1897 et en 1900.

« À partir de 1890, le marché d'ivoire à Anvers se mit à concurrencer sérieusement celui de Liverpool où se traitait depuis longtemps l'ivoire asiatique et africain de l'empire colonial britannique. Entre 1884 et 1904, l'E.I.C. parvint à écouler 445 467 défenses pour un poids de 3 660 236 kg au prix moyen de 20 frs-or le kg »[10].

La Chambre des Représentants de Belgique donne également ces chiffres[1]. Production du caoutchouc[11] :

- en 1887 : 30 tonnes
- en 1890 : 133 tonnes
- en 1892 : 166 tonnes
- en 1893 : 241 tonnes
- en 1894 : 338 tonnes
- en 1895 : 577 tonnes
- en 1896 : 1 317 tonnes
- en 1897 : 1 662 tonnes
- en 1898 : 2 100 tonnes
- en 1899 : 2 100 tonnes
- en 1900 : 4 900 tonnes

- en 1901 : 6 000 tonnes
- en 1902 : 5 400 tonnes
- en 1903 : 5 900 tonnes

Cependant, l'historien Jules Marchal affirme qu'en 1903, le port de Liverpool devançait encore nettement celui d'Anvers avec 17 400 tonnes de caoutchouc vendu dans le premier contre 5 726 dans le second[12].

Les officiers

Chez les pionniers de la construction de l'État indépendant du Congo, et dans le proche entourage du roi, des hommes de bonne volonté rêvaient d'accomplir le projet philanthropique énoncé lors de la Conférence de Berlin. Albert Thys, l'œil du roi au Congo jusqu'en 1904[13], écrivait d'ailleurs, dans une lettre à son épouse écrite lors de son premier voyage au Congo le 6 décembre 1887 : « La création de l'État du Congo est, comme je le disais plus haut une conception coloniale absolument nouvelle et, à proprement parler, ce n'est pas une colonie, celle-ci dépossédant l'indigène de son sol et considérant l'indigène comme la race conquise. En fait, ici, les indigènes ce sont les citoyens du nouvel État et les blancs envoyés au Congo par le gouvernement seront des tuteurs provisoires à la population noire qui ne sera appelée à la gestion des affaires publiques que quand son éducation sera suffisamment faite. Fatalement jusqu'ici toute occupation coloniale a abouti, non seulement à l'asservissement de la race aborigène, mais encore, et presque fatalement, à la suppression de cette race et à son remplacement par la race conquérante. C'est notamment ce qui s'est passé dans les Amériques et même plus ou moins dans les Indes anglaises et néerlandaises. Ici, il ne peut pas un seul instant être question d'agir ainsi. Le Nègre est le citoyen de l'État Indépendant du Congo ; nous devons, non l'asservir, mais l'éduquer et l'élever, socialement parlant, jusqu'à ce qu'il puisse se gouverner lui-même, quitte à être même flanqué à la porte par les Nègres de l'avenir. »[14]

Cependant, ainsi que l'écrit l'historien Jules Marchal dans son livre sur E.D. Morel, la spécificité du régime colonial de l'État indépendant du Congo inventé par Léopold II, comparativement au régime des autres colonies, britanniques par exemple, résidait dans le fait qu'au Congo « le receveur de la taxe était un fonctionnaire, non pas un agent commercial, ayant un intérêt direct dans le produit de la taxe. D'autre part, dans le système britannique, l'Africain connaissait le montant de sa taxe et lorsqu'il s'en était acquitté, il était libre de chercher travail et délassement où il voulait. Le contribuable congolais par contre, avec son imposition hebdomadaire ou bimensuelle se répétant éternellement, ne pouvait même pas quitter son village, étant enchaîné comme un serf à ses tâches sans fin »[15].

Le 9 mars 1905, un débat très vif eut lieu à la Chambre des Représentants, en Belgique, à la suite de différentes exactions commises au nom de l'État indépendant du Congo, et dénoncées par un certain nombre de voix au niveau national et international. L'émotion était d'autant plus vive en Belgique que M. Vandervelde souleva « l'artifice budgétaire » que le roi Léopold II avait mis en place depuis 1877 pour rémunérer les cadres de l'État indépendant du Congo par le Trésor, c'est-à-dire par le contribuable belge, qui l'ignorait. Cet artifice fut décrit ainsi : « Les officiers et adjoints du génie, appartenant aux cadres actifs de l'armée et mis à la disposition de l'État Indépendant du Congo, sont détachés à l'Institut Cartographique militaire. [...] Au début, ils étaient peut-être 25, aujourd'hui, ils sont plus de 100 qui, recevant leur solde entière du gouvernement, se trouvent, au Congo, à la disposition de l'EIC. » Et de citer le cas du commandant Liebbrechts, qui, depuis 1883, via son détachement à l'Institut cartographique militaire, « c'est-à-dire depuis 21 ans, n'a cessé d'être au service personnel du roi, soit en Afrique, soit en Belgique, et pendant 21 ans, sans avoir rempli aucune fonction dans l'armée belge, il a continué à recevoir son traitement, ce qui doit faire à peu près 85 000 francs-or, plus les chevaux et l'ordonnance ».[2]

C'est à l'occasion de ce même débat du 9 mars 1905, que M. Vandervelde révéla à la Chambre le système de primes, inventé par le roi Léopold II, qui fut à l'origine des exactions, des meurtres et des divers abus commis par l'État Indépendant du Congo[16] : « Dès le début de la période d'exploitation commerciale le gouvernement de l'État indépendant mit en vigueur un système de primes [...] En effet, les agents civils et militaires chargés de cette exploitation ont un intérêt personnel, un intérêt pécuniaire, à produire le plus d'ivoire et le plus de caoutchouc possible, au plus bas prix, par n'importe quel moyen. [...] Vous avez déjà compris qu'elle était l'essence du système : la prime était d'autant plus forte que le prix de revient [de l'ivoire ou du caoutchouc] était plus bas, et si l'on parvenait à se procurer [de l'ivoire ou du caoutchouc] pour rien, en faisant des exactions militaires, dans les régions où le contrôle de la justice était inexistant, la prime atteignait son maximum ».[3].

Ces primes ont été supprimées en 1895 à la suite de réclamations de l'Allemagne, mais immédiatement remplacé par des gratifications d'après un barème de points, qui ont elles-mêmes été remplacées par un nouveau système de « pensions de retraite » capitalisées par l'État.

En outre, Léopold II ayant compris l'intérêt de manier en même temps « carotte et bâton », l'E.I.C. retenait la moitié du traitement de ses agents, payable seulement à l'expiration des services, « si ceux-ci étaient jugés satisfaisants »[17].

Les prêts

En quatre ans, de 1883 à 1886, Léopold II avait prélevé sur sa fortune personnelle près de 10 millions de francs-or[18]. Léopold II était un homme riche[19], mais pas assez pour supporter les dépenses nécessaires au développement du territoire du Congo. Il voulait tirer des richesses du Congo, et non se ruiner. De 1885 à 1889 le Congo ne lui rapportait presque rien[20], il s'aperçut que la construction du Congo allait épuiser son ample fortune. En effet, en 1889, Léopold n'avait que 430 employés à Boma. C'est en 1890 que le parlement belge lui octroya un crédit de 25 millions de francs belge dans la perspective d'un futur transfert de souveraineté du Congo en faveur de la Belgique. Ce crédit se révéla vite insuffisant, et le parlement belge octroya le 29 juin 1895 un second crédit de 6,8 millions. La somme totale des prêts consentis par la Belgique fut de l'ordre de 32 millions de francs-or[10].

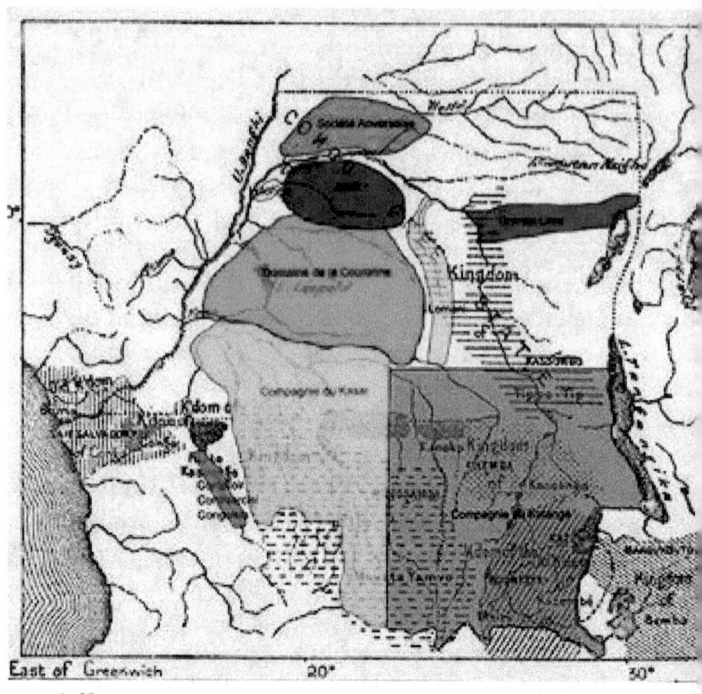

Les différentes concessions

Cependant, Léopold II se trouva en difficulté avec les prêts contractés, avant que les investissements consentis au Congo ne soient rentables avec le début du boom mondial sur le caoutchouc dans les années 1890. Les prix grimpèrent en flèche à chaque nouvelle innovation impliquant l'utilisation du caoutchouc : telle la fabrication de tuyaux, de gaines isolantes pour le fil de télégraphe et de téléphone, la fabrication de pneus. À la fin des années 1890, la récolte de caoutchouc avait de loin dépassé l'ivoire en tant que principale source de revenu du Congo. Le sommet de cette exploitation intervint en 1903, lorsque le prix du caoutchouc arriva au plus haut, moment clé de l'histoire de la culture de l'hévéa. L'ouverture en 1898 de la ligne de chemin de fer Matadi-Léopoldville permit par ailleurs de convoyer rapidement et à peu de frais les marchandises de et vers l'intérieur du pays. Ce transport se faisait auparavant par portage à dos d'homme, extrêmement coûteux tant au niveau financier, qu'en vies humaines.

Les compagnies concessionnaires congolaises durent cependant rapidement faire face à des concurrents originaires de l'Asie du sud-est et de l'Amérique latine, lorsque les plantations d'hévéas se multiplièrent en d'autres contrées tropicales plus exploitables, généralement contrôlées par des firmes britanniques rivales. C'est alors que les prix du caoutchouc commencèrent à descendre. La compétition amena à abuser du travail forcé pour abaisser les coûts de production. Pendant ce temps, le coût du recrutement de la main d'œuvre grignotait les marges bénéficiaires, qui diminueraient aussi par l'épuisement de la matière première. Avec la montée de la concurrence avec les autres nations pour le marché du caoutchouc, la gestion privée de Léopold II devenait vulnérable aux attaques des autres nations, en particulier du Royaume-Uni.

Le décret secret de 1891

En septembre 1891, Léopold II édicte un décret qui change complètement sa politique commerciale au

Congo. Ce décret, connu sous le nom du « décret secret », n'a pas été publié au *Bulletin officiel de l'État indépendant du Congo* et ne fut découvert par les parlementaires belges qu'un an plus tard, lors de sa parution dans le *Mouvement Géographique* du 14 août 1892[21]. Le décret affirme : « Lépold II, roi des Belges, souverain de l'État Indépendant du Congo [...] vu les grandes dépenses de premier établissement et la nécessité d'entretenir de bonnes relations avec les chefs et les indigènes ; sur la proposition de notre secrétaire d'État à l'Intérieur, nous avons décrété et décrétons : article 1, Les commissaires de districts de l'Oubangui-Ouellé et de l'Oruwimo-Ouellé et les Chefs des expéditions du Haut-Oubangui et Ouellé et du Haut-Ouellé, sont autorisés à prendre les mesures qui seraient urgentes et nécessaires pour conserver à la disposition de l'État les fruits des terrains domaniaux, notamment l'ivoire et le caoutchouc. Article 2, notre secrétaire d'État à l'Intérieur est chargé de l'exécution du présent décret, qui entrera en vigueur à la date de ce jour. »[22]. Léopold II, qui se tenait jusqu'alors en retrait de l'exploitation commerciale du Congo, s'arrogeait ainsi le monopole d'une grande partie de l'E.I.C.

L'historien belge A.-J. Wauters précise que dès novembre 1890, le capitaine Coquilhat est envoyé par Léopold II pour remplacer le major Cambier à la tête du gouvernement local, avec pour mission principale de mettre sur pied « l'organisation nouvelle qui allait être donnée à la politique économique de l'État et l'envoi aux agents résidents dans les districts du haut fleuve, d'instructions secrètes qui ne devaient pas tarder à y contrecarrer le libre exercice des droits des indigènes et l'action du commerce privé. »[23]

Cette exploitation en régie par les agents de l'État devait rapidement amener dans le Trésor vide de l'État, via la création de sociétés d'exploitation commerciale et la mise à disposition de la Force publique au service de la levée de l'impôt indigène, des millions de francs-or.

Mais à quel prix ? Sur le terrain, pour les natifs de la région, l'arrivée de la civilisation européenne allait tourner au pire des cauchemars.

Indigène fouetté avec une chicotte, État indépendant du Congo

La campagne contre l'État indépendant du Congo

Très vite, à partir des années 1895-1900, l'État indépendant du Congo de Léopold II eut a essuyer les coups d'une campagne anticongolaise qui s'exprima par différentes voix. Celle de Edmund Dene Morel fut sans doute la plus forte[24]. Morel était un ex-employé d'une grande compagnie de transport de Liverpool, devenu journaliste d'investigation à temps plein. Il publia ses articles, brochures, pamphlets et de très nombreux livres contre l'E.I.C. avec l'aide de commerçants de Liverpool souhaitant la fin du monopole de Léopold II sur le pays, dont le millionnaire du chocolat William Cadbury.

Une émotion internationale

- Dans le magazine américain *Times* du 18 novembre 1895, le missionnaire américain Murphy écrit : « La question du caoutchouc est au cœur de la plupart des horreurs perpétrées au Congo. Elle a plongé la population dans un état de total désespoir. Chaque bourg du district est forcé d'en apporter une certaine quantité tous les dimanches au quartier-général. Le caoutchouc est récolté par la force ; les soldats conduisent les gens dans la jungle ; s'ils ne veulent pas, ils sont abattus, leurs mains sont coupées et portées comme trophée au commissaire. Les soldats se moquent bien de ceux qu'ils frappent et tuent, souvent des pauvres femmes sans défense et des enfants inoffensifs. Ces mains — les mains des hommes, des femmes et des enfants — sont alignés devant le commissaire qui les compte pour vérifier que les soldats n'ont pas gaspillé leurs cartouches. Le commissaire est rémunéré l'équivalent d'un penny par livre de caoutchouc récoltée ; c'est donc évidemment son intérêt d'en faire produire autant qu'il est possible »[25].

- En 1896, l'écrivain belge Edmond Picard, juriste et avocat à la cour d'appel de Bruxelles, écrit en revenant d'un voyage dans l'E.I.C : « L'État Indépendant est sévère pour ceux qui maltraitent les noirs [...], ce qui n'empêche pas les exécutions militaires, parfois féroces, contre les villages qui se font prier pour fournir les porteurs, les recrues, les travailleurs, le caoutchouc ou l'ivoire. [...] Si vraiment le nègre doit devenir le collaborateur du blanc, il est bon qu'il croie en sa justice. Jusqu'ici il croit plutôt à sa cruauté et à son immoralité. »[26]. Plus loin, il ajoute : « Un Anglais, au cours d'une discussion à ce sujet, m'avait dit : — Oui monsieur, votre Roi est le plus grand marchand d'ivoire et de caoutchouc du monde ! (Yes, sir, your King is the biggest ivory and caoutchouc merchant in the world !) »[27]

- Le 1ᵉʳ juin 1897, le consul britannique William Pickersgill écrivait dans son rapport au *Foreign Office* : « Les actes barbares auxquels j'ai référé ne sont que le résultat naturel du système d'administration. [...] Placez dans un tel pays et dans un tel climat un officier belge rugueux, non-habitué à diriger des races de couleur et non formé à une administration civile ; donnez-lui pouvoir absolu sur la population indigène et des ordres de lever des revenus selon l'extrême de ses capacités ; placez au-dessus de lui un autocrate militaire comme gouverneur, déterminé sévèrement à être obéi comme s'il était à la tête d'un régiment; et plus haut encore, désignez un ministre résolu, désireux au-dessus de tout de prouver que l'entreprise de son maître royal [Léopold II] est saine commercialement, et le cortège est tout à fait prêt pour des exactions appliquées avec cruauté. [...] Ceci n'est pas une façon de parler sans fondement. Dans la lettre de M. Banks un commissaire du nom de Lemaire est mentionné ; c'était un gouverneur juste, mais un mauvais producteur de revenus. Son successeur, Victor-Léon Fiévez, découvrit une voie plus rapide pour se faire bien voir. Il collecta le caoutchouc en quantités énormes – au prorata d'une tonne par jour, dit-on – et il fut récompensé pour son zèle par une décoration et un cadeau en argent, en plus de sa commission (qui l'avait déjà enrichi), en dépit du fait qu'il était si scandaleusement brutal que même les Belges écrivaient à son sujet à Bruxelles. On affirme généralement au Congo qu'il a provoqué la mutilation de plus de mille personnes. »[28]

- Le prêtre suédois E.V Sjöblom, depuis longtemps témoin révolté des crimes commis dans l'E.I.C, et en particulier dans le district de l'Équateur, écrit dans *The Aborigene's Friend* de juillet 1897 : « Ils refusent d'apporter le caoutchouc. Alors la guerre est déclarée. [...] À ma connaissance, 45 villages ont été brûlés complètement. Je dis complètement parce que beaucoup d'autres ne l'ont été que partiellement. [...] Parfois, les indigènes doivent payer une forte indemnité. Les chefs doivent la payer en baguettes de laiton et en esclaves, et si les esclaves ne suffisent pas à faire la somme, ils doivent vendre leur femme. Je le tiens d'un officier belge »[29].

- Le lieutenant belge Tilkens, chef de poste de Libokwa, écrit en 1900, dans une lettre qui sera citée plus tard par Emile Vandervelde au cours des débats à la Chambre belge [30]. : « Déjà, j'ai dû faire la guerre à trois reprises contre les chefs de tribus qui refusent de prendre part à ce travail. Les gens préfèrent mourir dans la forêt. Si un chef refuse, c'est la guerre, et une guerre horrible – des armes à feu contre des lances et des armes blanches. Un chef vient juste de me quitter avec cette plainte : « Mon village est en ruines, mes femmes ont été assassinées ». Mais que puis-je faire ? Je suis forcé d'enchaîner ces malheureux chefs pour qu'ils fournissent une ou deux centaines de porteurs. Très souvent, mes soldats trouvent les villages désertés, alors ils prennent les femmes et les enfants ».

- Le journal belge *Le Petit Bleu*, pourtant congophile et annexionniste, publie en avril 1900 des déclarations faites sous serment de soldats employés par la société anversoise du commerce au Congo. L'agent Morey confesse ainsi : « À Ambas, notre détachement de 30 soldats, placé sous les ordres de van Eycken, fut envoyé par lui dans un village pour vérifier que les indigènes étaient bien en train de récolter le caoutchouc et sinon de les tuer tous, hommes, femmes et enfants. Nous trouvâmes les indigènes assis paisiblement. Nous leur demandâmes ce qu'ils faisaient. Ils furent incapables de répondre, alors nous nous jetâmes sur eux et les tuâmes sans pitié. Une heure plus tard, nous fûmes rejoint par van Eycken, et nous lui dîmes ce qui avait été fait. Il nous répondit « C'est bien mais vous n'en avez pas fait assez ! » Alors ils nous ordonna de couper les têtes des hommes morts et de les suspendre aux barrières du village, et de crucifier les femmes et les enfants morts sur les barrières. »[31]

- Dans les années 1903-1904, une campagne de presse enflamma des journaux italiens tels que *La Patria*, *Corriere della Serra*, ou le journal populaire romain *Il Messagero* qui publia, le 10 juin 1905, un interview du lieutenant Pietro Nattino qui avait servi dans l'EIC et qui affirmait : « Je considère l'État du Congo, pas du tout comme un État, mais comme une bande de marchands d'esclaves qui, tout en prétendant répandre la civilisation, exploite le travail des indigènes par tous moyens possibles afin d'obtenir 700 tonnes de caoutchouc et d'ivoire pour chaque départ de bateau, c'est-à-dire toutes les trois semaines. »[32]

- En 1902, la nouvelle de Joseph Conrad *Au cœur des ténèbres* fut publiée. Basée sur sa brève expérience comme capitaine de l'un des bateaux à vapeurs sur le fleuve 10 ans auparavant, il contribua à sensibiliser davantage l'opinion publique à propos de ce qui se passait au Congo. Mark Twain et Arthur Conan Doyle dénoncèrent également la situation dans leurs écrits (respectivement *Le soliloque du Roi Léopold* et *Le Crime du Congo*).

La situation au Congo était connue, mais peu de Belges y croyaient. Dès 1900, après avoir parlé à des fonctionnaires coloniaux et suivant l'attitude de la presse et de l'opinion belges, Léopold — décidé à protéger ses intérêts — mit en doute la réalité des exactions, qu'il dénonça comme campagne de propagande du Royaume-

Uni pour tenter de prendre la souveraineté du Congo. Léopold se lança alors dans de coûteuses campagnes de publicité, créant même une « Commission pour la protection des indigènes » pour contrer les « quelques fauteurs d'abus ». À travers un service spécialisé créé au sein du Département des Affaires intérieures de l'E.I.C. baptisé « bureau de la presse » et dirigé par Henri Rollin[33] un certain nombre de journalistes de différents pays furent rétribués pour écrire des articles en faveur de la colonie[34], accusant les esprits critiques de vouloir servir les intérêts du Royaume-Uni et dénonçant les témoignages des missionnaires protestants comme étant anti-catholiques. L'État indépendant du Congo contra ainsi ces attaques pendant plusieurs dizaines d'années, bénéficiant parfois de soutiens anglo-saxons, tel celui de la journaliste et auteur américaine May French Sheldon qui fit le voyage au Congo au début du XXe siècle et en rapporta une série d'article très élogieux sur la gestion de la colonie, n'hésitant pas à tenir en mai 1905, une conférence devant plus de 500 ambassadeurs et gens de la noblesse anglaise, parlementaires et experts d'Afrique, pour dénoncer les accusations de E.D. Morel et défendre l'honneur de Léopold II[35].

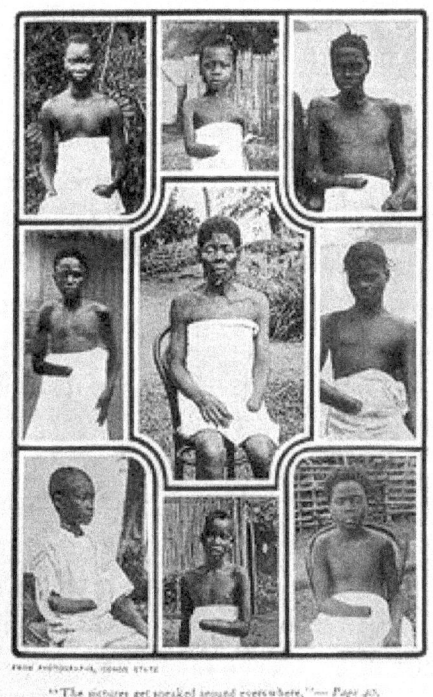

Congolais avec mains coupées.

Le Rapport Casement et la Commission d'enquête

Le 28 décembre 1903, Roger Casement remet au ministère du Foreign Office son rapport[36] dans lequel il dénonce les atrocités systématiques commises par les agents du roi non seulement sur les sujets britanniques, comme il le lui était demandé, mais également sur l'ensemble de la population congolaise, hommes, femmes, enfants, vieillards. Le rapport est imprimé et diffusé dans la série des *Confidential Prints* (usage interne)[37]. Ce rapport donne lieu ensuite à une note[38] qui est envoyée officiellement le 11 et 12 février 1904 à l'administration de l'État du Congo et aux puissances signataires de l'Acte de Berlin. À la suite de ce rapport et des preuves qu'il apporte, Léopold II est contraint d'accepter la nomination d'une Commission d'Enquête. Les conclusions de la Commission d'Enquête étant sans équivoque, le gouvernement de la colonie est transféré à l'État belge par un vote du parlement belge en 1908.

« Le rapport du consul Roger Casement est un document remarquable et exceptionnel dans le monde diplomatique, et par sa qualité et par son retentissement. […] À long terme, ce document a mené au traité de cession de l'État Indépendant du Congo par le Roi-Souverain de Belgique »[39].

Les mains coupées

Une des pratiques qui fit le plus polémique à la suite du rapport Casement est celle dite des « mains coupées ». Casement (mais d'autres avant lui) prétendait que les Européens travaillant pour l'E.I.C. demandaient explicitement aux caporaux noirs envoyés dans les villages pour lever leur quota de caoutchouc auprès des populations locales, de ramener pour chaque balle de fusil ayant tué un « indigène » une « main coupée »[40], preuve que la balle n'avait pas été utilisée à d'autres fins (braconnage, revente). Conan Doyle cite ce dialogue tiré du rapport Casement : « — Sur la Boussira, la SAB, avec 150 fusils, obtient 10 tonnes de caoutchouc par mois ; nous, l'État, à Momboyo, avec 130 fusils, en obtenons 13 tonnes par mois. — Alors vous comptez en fusils ? — Partout, chaque fois que le caporal s'en va chercher du caoutchouc, on lui donne des cartouches. Il doit les ramener toutes inutilisées ; ou, à chaque fois qu'il s'en sert, il doit ramener une main droite. »[41] Le problème est que certains caporaux utilisaient les balles pour braconner et ramenaient leurs mains sur des vivants[41]. Et Conan Doyle d'ajouter : « J'ai les photographies d'au moins 20 nègres ainsi mutilés en ma possession »[42].

Casement écrivait notamment dans ce rapport : « On m'a fait beaucoup de déclarations, les unes spécifiques, les autres générales, concernant des actes de mutilations persistantes par les soldats de l'administration. Il ne peut y avoir l'ombre d'un doute sur l'existence de ces mutilations et sur leurs causes. Ce n'était pas une coutume indigène antérieure à l'arrivée du blanc : ce n'était pas le résultat des instincts primitifs de sauvages dans leurs luttes entre villages ; c'était un acte délibéré de soldats d'une administration européenne, et ces hommes eux-mêmes ne cachaient jamais que, en perpétrant ces actes, ils ne faisaient qu'obéir aux ordres positifs de leurs supérieurs. »[43]

Sur cette question-là, l'ethnologue D. Vangroenweghe répond de façon catégorique : « Jusqu'à nos jours des publicistes et même des historiens continuent à raconter des fables, soit qu'ils croient que la pratique consistait de couper la main d'un vivant comme punition, soit au contraire qu'on parle de « légende des mains coupées ». Ceci est incompréhensible après ce qu'E. Boelaert en 1968, J. Stengers en 1970, Laergen en 1970 et G. Hulstaert en 1983 ont écrit sur ce sujet. De la fin de 1893 jusqu'au moins en 1900, plusieurs milliers d'indigènes dans le district de l'Équateur et dans la région du lac Tumba ont été tués par les soldats de l'E.I.C. et leur main droite a été coupée et fumée. Des paniers avec les mains ont été apportés au commissaire de District Victor-Léon Fiévez et aux officiers européens. C'est sous Victor-Léon Fiévez que cette pratique a été introduite. Dans certains cas, des gens qu'on croyait morts ont été amputés de la main droite, une vingtaine de cas nous sont connus, qui ont survécu à cette amputation. Dans des cas très rares on coupait la main d'un vivant si les soldats n'avaient pas assez de mains pour justifier leurs cartouches. La raison suffisante pour tuer les gens étaient l'insuffisance du rendement de l'impôt en caoutchouc. Les officiers européens et au moins un commissaire de district (Fiévez) n'étaient pas seulement au courant de cette pratique mais l'exigeaient de leurs soldats. [...] Dans l'annexe IV à son rapport, Casement affirme que la mutilation de la main droite n'était pas une coutume indigène. Des lettres de missionnaires protestants, in tempore non suspecto, un texte de J. Conrad, G. Hulstaert et nos propres recherches ethnologiques dans la tribu des Ekonda établissent que les Mongo ne mutilaient pas les cadavres de la main droite »[44].

L'historien Jules Marchal estime que « la coupe des mains comme preuve de châtiment semble introduite par les Belges dans l'Ouest du Congo, et plus précisément par Victor-Léon Fiévez dans le district de l'équateur en novembre 1894 »[45]

La fin de l'État indépendant du Congo

La British Congo Reform Association, fondée par Morel avec l'aide de Casement, demandait que l'on agisse. D'autres nations européennes, ainsi que les États-Unis suivirent. Pour couper court à la campagne qu'il jugeait trop agressive, Léopold II décida de prendre les devants en demandant lui-même une commission d'enquête. Il la créa par le décret du 23 juillet 1904, et transmis la nouvelle au *Foreign Office* le 30 juillet. Des commissaires (suisses, italiens et belges) furent envoyés sur les lieux, afin de récolter des témoignages. Ils rédigèrent un rapport sur les conditions de vie des Congolais, qui confirma le rapport Casement et fut publié le 4 novembre 1905 (lire le rapport ici).

À la suite du rapport de la commission d'enquête, le parlement britannique demanda la convocation d'une nouvelle réunion des quatorze signataires du traité de

Berlin de 1885, pour une révision de celui-ci. Le parlement belge, avec à sa tête le dirigeant socialiste Émile Vandervelde et d'autres détracteurs de la politique congolaise de Léopold II, forcèrent ce dernier à mettre en place une commission indépendante pour enquêter sur le Congo. En 1905, cette commission confirma que des abus avaient été commis.

Léopold II offrit de réformer son régime, mais peu de gens le prirent au sérieux. La Belgique, à laquelle Léopold s'était plutôt engagé à céder le Congo à sa mort, fut réticente. La décision de reprise du Congo fut finalement acceptée par le gouvernement belge, après deux ans de débats[46] et à la suite de la mise en place d'un nouveau parlement.

Finalement, le 15 novembre 1908, quatre années après le rapport Casement et six ans après la sortie de *Heart of Darkness*, le Parlement de Belgique vota l'annexion de l'État indépendant du Congo, et prit en charge son administration.

Quel bilan ?

En 1919, une commission officielle du gouvernement belge estima que depuis l'époque où Stanley avait commencé à établir les fondations de l'État de Léopold II, la population du territoire « avait été réduite de moitié »[47]. En 1920, le commandant Charles

C. Liebrechts, qui exerça de hautes fonctions au sein de l'E.I.C. parvint à la même conclusion. De nos jours, « le jugement qui fait le plus autorité est celui de Jan Vansino, professeur émérite d'histoire et d'anthropologie à l'université du Wisconsin, et sans doute le plus grand ethnographe actuel spécialisé dans les peuples du bassin du Congo. Il fonde ses calculs sur "d'innombrables sources locales de régions différentes [...]. Son estimation est la même : entre 1800 et 1920, la population du Congo a diminué "au moins de la moitié »[48]

La première estimation de la population congolaise fut le fait de l'explorateur Stanley[49], lequel compta le nombre d'indigènes qui vinrent l'observer alors qu'il remontait le fleuve Congo et quelques affluents. Après les avoir dénombrés, il multiplia le nombre obtenu par le territoire total du Congo, sans tenir compte du fait que la densité de population est toujours largement supérieure à proximité des voies d'eau qu'à l'intérieur d'un pays, et que d'innombrables indigènes étaient venus le voir car il constituait un spectacle surprenant. Stanley est ainsi arrivé au chiffre de 42 608 000 habitants. Toutefois, en plus d'avoir effectué le « recensement » d'un territoire gigantesque en comptant les indigènes qui se pressaient le long du fleuve Congo, Stanley s'est trompé dans la multiplication de ses propres données. En effet, en ne commettant pas son erreur de calcul (une mauvaise multiplication du nombre de miles parcourus en bateau), on arrive à une population de 27 694 000 habitants, chiffre qui fera d'ailleurs autorité en France et en Belgique (le traducteur français du livre de Stanley ayant corrigé lui-même l'erreur lors de sa traduction du livre). Ce chiffre, 27 694 000 indigènes, est toutefois largement sujet à caution pour les raisons exposées ci-dessus.

Au premier recensement de 1910, le Congo belge comptait 7 millions d'habitants [4]. Adam Hochschild, qui s'arrête sur une population initiale de 17 millions d'habitants à l'époque de Stanley (hypothèse la plus basse, comme on le voit), déduit que la mainmise léopoldienne (1885-1908) causa directement la mort de dix millions d'habitants. Finalement, le chiffre des victimes varient fortement : ainsi, le rapport du diplomate britannique Roger Casement en 1904 donne un chiffre de 3 millions de personnes, Forbath parle d'au moins 5 millions, l'*Encyclopædia Britannica* donne une perte de population de 8 à 30 millions.

Une chose reste certaine, c'est la réalité historique du drame vécu sur l'ensemble du territoire de l'État indépendant du Congo. En 1911, l'historien belge AJ. Wauters, écrivait : « Du jour de l'application du décret secret de 1891 au lendemain des divulgations de la commission d'enquête, c'est-à-dire pendant 13 ans, Léopold II a transformé quelques-uns des districts à caoutchouc en véritable enfer. Il a engendré la plupart des crimes qui s'y sont commis et dont on ne connaîtra jamais le nombre et la gravité. Ce qui le rend particulièrement odieux, c'est qu'il fonctionnait sous le couvert de l'humanité ; c'est aussi que les énormes profits que ses détestables pratiques procurèrent, avaient, notamment, pour but l'alimentation des dépenses de la "Fondation de la Couronne", véritable débauche de travaux de tous genres, entrepris en vue du développement et de l'embellissement des résidences royales »[50].

Léopold II savait-il ce qui se passait au Congo, sous ses ordres, à travers des compagnies commerciales d'exploitation dont il était l'actionnaire principal et sous la juridiction d'un territoire dont il était le monarque absolu ayant droit de légiférer par décrets ? Le diplomate Roger Casement le pensait lorsqu'il écrivait le 28 juin 1901 au *Foreign Office* une lettre rapportant les circonstances de l'affaire Cyrus Smith[51], souligné de ce commentaire : « Le Souverain tenait la Société Anversoise dans le creux de sa main... et c'est impossible qu'il soit ignorant des méthodes employées par elle. Léopold II me dit lui-même à Bruxelles qu'il était "le maître du Congo" »[52].

L'ancien secrétaire de Léopold II écrit dans ses mémoires : « Lors de l'annexion du Congo, le roi avait ordonné une destruction massive des dossiers de l'ancien État indépendant. Il n'avait aucun respect pour ce qu'il appelait "les vieux papiers", qu'il considérait comme fatras inutile. Dans ces autodafés ont péri, malheureusement, d'innombrables documents qui eussent été des plus intéressants pour l'histoire des premières années de la Colonie. Les archives du Cabinet du Roi ne trouvaient pas davantage grâce à ses yeux. Il me chargea, à cette époque, d'en faire disparaître beaucoup »[53]

Polémique sur la responsabilité du roi

En Belgique plus que dans tout autre pays, la controverse sur la responsabilité du roi concernant les atrocités commises dans l'État indépendant du Congo reste très vivace.

Fernand Waleffe, qui a vécu dix ans au Congo entre 1896 et 1906, pendant lesquelles il fut successivement juge, substitut du procureur d'État puis procureur d'État, puis en Belgique président de la Cour de Cassation, écrit, en 1953, dans un texte rédigé principalement en réponse à la réédition du *Crime du Congo* de Conan Doyle : « Il est malheureusement exact que des agents de sociétés ont commis des pillages et des massacres à l'effet d'augmenter la production du caoutchouc. Mais, ce qui n'a jamais été établi, c'est que ces cruautés auraient été commises à l'instigation du Gouvernement ou des Autorités locales. Rien ne permettait à Conan Doyle de dire que quand on parlait d'une société, il fallait comprendre, que l'on parlait du Gouvernement ou, même du Roi lui-même. Dans toutes mes enquêtes, j'ai porté toute mon attention sur cette question et je n'ai pas découvert le plus petit indice d'une collusion. »⁵⁴

Au regard des recherches fouillées de plusieurs historiens sérieux (notamment celles de Jean Stengers, Vincent Dujardin & al.), un certain nombre d'arguments sont aujourd'hui exposés pour défendre l'intégrité morale du souverain:

- Le roi ne s'intéressa pas à l'administration du Congo sur les territoires des compagnies concessionnaires. Visiter le pays était difficile. Les missionnaires y étaient tolérés, y compris des afro-américains presbytériens tels que George Washington Williams et William Henry Sheppard. Les employés blancs ne pouvaient pas quitter le pays avant la fin de leur contrat. Cependant, des rumeurs circulèrent dès 1896 et Léopold en fut le premier surpris. Comme il ne s'occupait pas du tout de la gestion de la colonie, il y a tout lieu de penser qu'il ne savait rien des exactions commises par certains individus dans des territoires et à des époques bien délimités.

- Le roi a toujours voulu mettre fin aux exactions commises. Pour preuve, les lettres privées du monarque dans lequel il écrivait : « *S'il y a des abus au Congo, nous devons les faire cesser. S'ils se perpétuaient, ce serait la fin de l'État* » (lettre du

13 septembre 1896 à van Eetvelde). Ou encore : « *Il faut réprimer énergiquement les horribles abus qui ont été relevés. Il faut que ces horreurs finissent ou je me retirerai du Congo. Je ne me laisserai éclabousser ni de sang, ni de boue et il faut que ces turpitudes cessent* » (lettre du 17 janvier 1899 à Liebrechts).

Comme Joseph Conrad dans son roman *Heart of Darkness*, Mark Twain (ci-dessus) vit un régime colonial de souffrance, travail obligatoire, viols et mutilations. *King Leopold's Soliloquy* de Twain fut une satire sarcastique et mordante.

- Concernant le nombre de morts. Certes, la population du territoire a toutefois souffert de cette administration, par des violences directes, mais aussi par une baisse de la natalité, la perturbation des modes de vie et la destruction des habitats et cultures, les maladies, la famine, les exodes. Il n'y avait que quelques centaines de blancs au Congo au début de la pénétration européenne. Ils furent bientôt quelques milliers, ce qui est insuffisant pour qu'on puisse leur attribuer des dizaines de millions de morts. La cause principale des pertes dans la population noire du Congo est à attribuer aux épidémies nées du contact des tribus avec les trafiquants arabisés et les européens qui répandaient involontairement une contamination microbienne contre laquelle le peuple congolais n'était pas prémuni (la rougeole, la grippe, la diphtérie, la scarlatine principalement). Ainsi, la rougeole tuait encore 5.000 enfants à Kisangani vers 1985. À quoi il faut ajouter les ravages de la maladie du sommeil dans l'expansion de laquelle les Européens n'avaient aucune part et dont ils étaient eux-mêmes victimes. Les historiens sont confrontés à une absence totale de chiffres fiables pour dénombrer la population indigène du Congo. Seules certitudes, la population estimée au moment de la reprise du territoire par la Belgique en 1908 était d'environ 10 millions de personnes, et de 14,7 millions au moment de l'indépendance en 1960. Des chiffres précis sont donnés pour les pertes humaines liées à la construction de la voie ferrée Matadi-Leopoldville. En 9 ans, « 1 800 travailleurs noirs et 132 cadres et contremaîtres blancs étaient morts. Rapportés aux effectifs engagés, les pertes des blancs étaient dix fois supérieures à celles des noirs »[55].

La mise en place de plantations dans les clairières était plus profitable que la récolte de caoutchouc dans la jungle. Ci-dessus, un village congolais (Baringa, Équateur) est vidé et dégagé pour faire place à une plantation de caoutchouc.

Le *Roi des Belges*, navire sur lequel Joseph Conrad a navigué en 1890 pour le compte de l'État indépendant du Congo.

Chapitre 5

Congo belge

Congo belge était le nom porté par le territoire de l'actuelle République démocratique du Congo (RDC) entre le 15 novembre 1908 de l'État indépendant du Congo, possession personnelle pendant vingt-quatre ans du roi Léopold II des Belges et l'accession à l'indépendance congolaise effective le 30 juin 1960. Pendant les 52 ans de la période coloniale, le Congo belge fut géré de Bruxelles, mais avec son armée, la Force publique sous l'autorité d'un gouverneur général.

Années 1908-1950

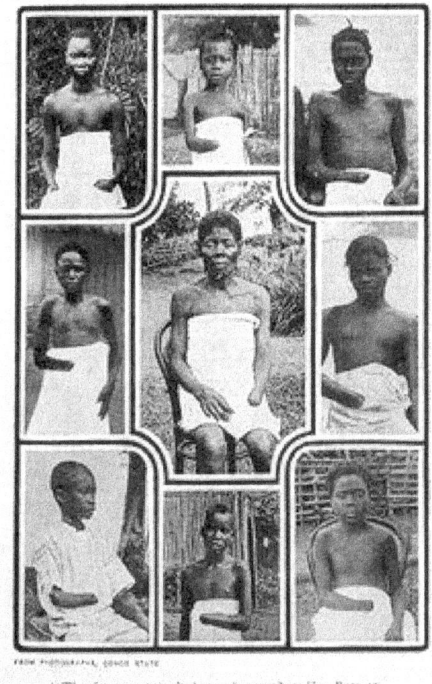

Photos de personnes mutilées utilisées par la propagande anti-léopoldienne pour avancer la thèse des "mains coupées, invalidée par les commissions d'enquête "[1,2,3]

En 1908, la Chambre des députés accepta le testament de Léopold II qui faisait don à la Belgique de l'État indépendant du Congo et vota son annexion un an avant la mort du roi. Dès lors, c'est officiellement au nom de la Belgique, État souverain, que les troupes stationnées au Congo belge purent garantir l'intégrité de la conquête. Cette annexion reconnue par les grandes puissances, l'administration de l'ex-État Indépendant se transforma en administration belge qui fit tout pour effacer l'image de Léopold II comme ayant été un tyran laissant exploiter les populations par ses hommes (pas seulement des Belges, on compte plus de dix nationalités parmi les « coloniaux » de l'époque). Lors de la reprise par la Belgique, l'article 2 de la Charte Coloniale du 18 octobre 1908, votée par le parlement belge, prescrivait que : « Nul ne peut être contraint de travailler pour le compte et au profit de sociétés ou de particuliers ». Pour effacer l'image du caoutchouc et des mains coupées complaisamment répandue par la Grande-Bretagne qui ne se consolait pas d'avoir manqué l'occasion de coloniser le Congo, on développa la culture du coton et du palmier à huile et la cueillette du caoutchouc sauvage fut remplacée par la culture de plantations d'hévéas. La *Congo Reform Association*, l'association britannique qui était à l'origine de la campagne orchestrée contre l'État indépendant du Congo, décida de se dissoudre en 1913, tandis que le Congo allait développer son économie et ses exportations, allant jusqu'à livrer 23 000 tonnes de coton en 1932 et 127 000 en 1939. Parallèlement, les exploitations de minerais tels que l'or, l'étain, le cuivre et, surtout, l'uranium allaient contribuer à faire du Congo une puissance économique, ce qui allait contribuer au salut de la Belgique pendant les deux guerres mondiales;

La colonie est alors gérée par trois pouvoirs qui s'équilibrent : l'administration, les missions catholiques et les grandes sociétés privées[4].

La langue française fut, du début à la fin de la présence belge au Congo, la seule langue officielle, ce qui fit du Congo devenu indépendant un des pays officiellement francophones les plus importants, le deuxième, en chiffre de population, après la France.

Enseignement

Au début, l'enseignement est mis en place par des missions chrétiennes privées qui financent leurs activités par des dons, des subventions, par l'agriculture ou la sylviculture d'exportation (Concordat avec le Vatican en 1906). En 1948, environ 99,6 % des structures d'enseignement sont contrôlées par les missions chrétiennes, 0,4 % sont détenues par des entreprises privées pour former leurs futurs employés. En 1940, le taux de scolarisation des enfants de 6 à 14 ans était de 12 % et en 1954 de 37 %, ce qui plaçait le Congo à l'époque aux côtés de l'Italie. Sur douze élèves à l'école primaire, un seul achevait le cycle et des titulaires du certificat primaire, un sur six accédait à l'école secondaire. Si la majorité des missionnaires sont des catholiques belges, il y a également des missionnaires protestants d'autres nations qui représentaient les tentatives de diverses églises protestantes de se faire une place en Afrique.

L'enseignement secondaire destiné aux Congolais était axé sur les études professionnelles ou techniques ; c'est à partir des années 1950 qu'on commença à développer les écoles secondaires d'enseignement général pour Noirs. (Une comparaison peut se faire avec le Cameroun : en 1960, sous le mandat français, il y avait 7 000 élèves dans les écoles secondaires, technique y-compris[5], tandis que le Congo belge y comptabilisait 37.388 élèves[3]). Lors de l'indépendance, le Congo disposait de deux universités comptant 466 étudiants blancs et noirs : l'Université Lovanium, fondée en 1954, et l'Université d'Elisabethville créée en 1959. En 1955, il était d'usage que les enfants blancs et noirs fréquentent les mêmes établissements scolaires, du moins pour les études secondaires, et souvent après sélection sévère des élèves noirs[3]. Dans de nombreuses écoles, le fait de parler une langue congolaise était proscrit au niveau secondaire au profit du français, de même que la pratique de l'islam. Par contre, au niveau primaire, le Congo belge fut l'une des seules colonies d'Afrique où les langues locales (kikongo, lingala, tshiluba et swahili) furent enseignées. Ceci provient du fait qu'en Belgique flamande également, l'enseignement primaire (seul) était en langue locale jusqu'en 1932[6]. Qui plus est, les langues congolaises pouvaient être utilisées dans la musique populaire, ce qui a permis à l'industrie musicale congolaise de démarrer à cette époque. Les missions remplaçaient l'éducation tribale traditionnelle qui n'avait rien de scolaire.

Infrastructures et administration

Les infrastructures sanitaires ont été mises en place par les entreprises pour leur personnel. Les chemins de fer étaient aussi aux mains d'entrepreneurs privés.

Le contrôle de l'administration était dominé par la Belgique, sans organe démocratique pour les habitants. Le chef de l'État restait en toutes circonstances le roi des Belges, mais la gestion journalière était dévolue au Gouverneur général qui régnait sur neuf provinces qui avaient chacune à leur tête un gouverneur. Le système était celui d'administrateurs coloniaux contrôlés par le Parlement belge. Si les noirs n'avaient pas le droit politique de s'occuper de leur pays, il en était de même des colons et administrateurs blancs qui n'avaient pas le droit de vote.

Porteurs de l'expédition scientifique Lang-Chapin.

Diverses autres restrictions affectaient les Congolais. Dans les villes construites par les colonisateurs, les populations noires étaient refoulées dans les banlieues, souvent organisées en « cités indigènes », tandis que les centres-villes étaient réservés aux seuls Blancs. Les Noirs n'avaient pas le droit de quitter la cité indigène de 21 heures à 4 heures du matin. Ils ne servaient, en fait, que comme main d'œuvre au colon ou à l'administration coloniale (serviteur, artisans, mineurs, caissiers, mécaniciens, etc.). Les supermarchés, tous situés aux centres villes, étaient interdits d'accès aux noirs, on leur avait réservé une fenêtre par laquelle ils pouvaient faire leurs achats. La coexistence entre Blancs et Noirs était tempérée par la tolérance accordée aux prêtres catholiques noirs représentant un véritable clergé local.

Des expéditions scientifiques nouvelles sont créées notamment sous la direction d'Herbert Lang et de James Paul Chapin.

Première Guerre mondiale

Soldats belges et congolais en campagne dans l'est africain, en 1916.

La Première Guerre mondiale fut lourde de sens pour le Congo belge, car la Belgique était occupée presque entièrement, sauf une portion de territoire derrière l'Yser où l'armée belge était parvenue à se maintenir, alliée aux armées française et anglaise. Le gouvernement belge replié en France entendait maintenir la souveraineté de la Belgique au Congo. Le Congo belge mena donc une campagne militaire contre les colonies allemandes au Cameroun, en appui des troupes françaises, et en Afrique orientale allemande, d'abord sans lien avec les forces anglaises puis en application d'un plan anglo-belge, campagne qui fut couronnée de succès, notamment par d'éclatantes victoires belges à Tabora et à Mahenge.

Le 15 août 1914, les troupes allemandes basées au Ruanda-Urundi bombardèrent les villes riveraines du lac Tanganyika. Le 22 août, un navire allemand ouvrait le feu sur le port d'Albertville. Devant cette agression, le ministre belge des Colonies Renkin adressa un télégramme au Gouverneur Général du Congo et au Vice-gouverneur de Katanga ordonnant de « prendre des mesures militaires pour défendre le territoire belge... prendre des mesures seul ou en coopération avec les troupes alliées ». Les Belgo-congolais répliquèrent le 18 avril 1916. Les troupes étaient dirigées principalement par le général Tombeur, le colonel Molitor et le colonel

Olsen (d'origine danoise). Elles s'emparèrent de Kigali le 6 mai 1916. Les forces allemandes du Burundi commandées par le capitaine Von Languenn opposèrent une vigoureuse résistance mais ne purent tenir devant la supériorité numérique belge. Le 6 juin, Usumbura tomba sous les forces belgo-congolaises commandées par le Colonel Thomas. Kitega fut prise le 17 juin, tandis que le Rwanda et le Burundi étaient déjà occupés. Il restait alors les campagnes du Tanganyika (actuelle Tanzanie) ; la brigade Molitor s'empara ainsi de Biharamuro, puis de Mwanza. Le colonel Moulaert occupa Karema. La marche sur Tabora commença alors en trois colonnes. Le 29 juillet, Kigoma et Ujiji furent occupés. Après plusieurs jours de combat acharné, Tabora tomba le 19 septembre 1916. Les forces britanniques et belgo-congolaises se coalisèrent ensuite pour occuper tout le Tanganyika à partir duquel le Général allemand Von Lettow-Vorbeck opposa une résistance extraordinaire. Les Belges parvinrent cependant à remporter une nouvelle victoire à Mahenge sous le commandement du lieutenant-colonel Huyghé. Finalement, les Allemands se rendirent après l'armistice de novembre 1918. Durant ce conflit de quatre ans, les Belges avaient introduit un élément d'avant-garde (pour l'époque) en utilisant quelques hydravions sur le Lac Tanganyika pour bombarder des navires et des installations allemandes, mais tout en recourant à des moyens moins modernes par la mobilisation de 260 000 porteurs pour acheminer le matériel militaire. Cette campagne militaire a, selon plusieurs démographes, dépeuplé certaines tribus proches des frontières (morts au front, soldats affamés, porteurs épuisés, etc.). Après la guerre, la Belgique obtint, par les accords belgo-anglais Orts-Milner un mandat sur le Ruanda-Urundi conquis sur l'Allemagne, ainsi qu'une voie de chemin de fer entre Kigoma, à l'est du Congo belge et Dar-Es-Salam sur la côte de l'océan Indien sous un régime de franchise de douane étendu aussi aux communications routières et, plus tard, aux lignes aériennes (fret et passagers). C'est un succès pour la diplomatie du secrétaire général Pierre Orts qui réalise ainsi une vieille ambition de Léopold II, celle d'un lien économique congolais entre l'Atlantique et l'Océan Indien. Ce sont des résultats positifs. Mais la guerre a laissé d'autres traces : un missionnaire belge décrit alors la société noire comme une société dans laquelle « le père est allé au front, la mère a moulu le grain pour les soldats et les enfants ont apporté la nourriture au front ».

Kimbanguisme et Kakisme

Les deux mouvements syncrétistes, kimbanguisme et kakisme, sont parmi les premières formes de nationalisme qui naissent dans les années 1920 sous l'influence des missionnaires protestants américains (avec William Henry Sheppard et George Washington Williams pour précurseurs). À l'époque vit Paul Panda Farnana, ayant fait des études en Belgique à l'athénée d'Ixelles (Bruxelles).

Le fils du Chef coutumier Simon Kimbangu, de l'éthnie kongo, baptisé à l'âge de 15 ans, aurait eu, un jour après son baptême, une vision et prédit l'indépendance du Congo et la reconstitution du royaume Kongo. Il inventa le terme en kikongo *dipanda*, « indépendance ». Son influence fut accrue par la rumeur qui disait qu'il avait guéri des malades par imposition des mains. S'inspirant de la religion chrétienne, il prit douze apôtres. Les autorités coloniales le mirent en prison où il resta jusqu'à sa mort en 1951. Ses amis et sa famille répandirent son message qui eut beaucoup de succès auprès des Kongos.

Simon Pierre M'padi, de l'ethnie kwango et comprenant le kikongo, fonda la religion kakiste, se réclamant disciple de Simon Kimbangu Il mit au point un drapeau représentant sa secte sur lequel on pouvait lire en kikwango *Minsion amerika nzila ya m'pulusu*. Recherché par la force publique, il se réfugia au Congo français où il transmit son message à un certain André Matswa. Arrêté par les autorités françaises, il fut remis aux autorités belges.

La dépression des années 1930

Résidence du gouverneur-général à Boma, capitale du pays jusque 1929.

1 franc du Congo belge daté de 1920.

Le roi Albert I, Congo belge, 1928.

Avec le Congo, la Belgique obtient des matières premières peu chères. L'administration coloniale recrute des travailleurs forcés pour les plantations et pour les mines et impose même en 1926 la conscription générale. L'administration coloniale négociait avec les différents dignitaires congolais pour qu'ils leur fournissent des hommes comme travailleurs (10 francs par tête). Les chefs politiques se débarrassaient en général des gens qu'ils n'aimaient pas dans leurs communautés. Les travailleurs étaient emmenés jusque dans les mines où ils travaillaient pour 10 à 15 francs par mois. Plus de 44 000 travailleurs furent « importés » d'Angola et de Rhodésie du Nord pour grossir les rangs. De nombreux travailleurs mouraient de fièvre à tiques, de grippe, de pneumonie, d'épuisement ou à la suite des éboulements, à tel point que ce système, qui succédait aux exactions léopoldiennes et à la Première Guerre mondiale, risquait de dépeupler de nombreuses régions. Les autorités essaieront de résoudre la crise en imposant des restrictions aux recrutements forcés (par exemple, le décret de 1933 limita en effet à 60 jours la durée du travail forcé dans les plantations), et aussi particulièrement au Katanga en imposant dans les villes minières une force ouvrière permanente et stable, ce qui eut pour effet de transformer les villageois en citadins. Le krach boursier de 1929 à *Wall Street* fut le début d'un ralentissement économique mondial. La demande de matières premières des industries s'effondra et le prix des matières premières aussi : le prix de l'arachide passa de 1,25 franc à 25 centimes. L'économie congolaise, plus tournée vers l'exportation qu'aucun autre pays africain, fut d'autant plus vulnérable lors de cette crise que la Belgique est aussi un grand exportateur à cause de son petit marché intérieur. Au Katanga, l'emploi chuta de 70 % et de nombreux travailleurs forcés furent reconduits dans leurs villages. La dépression économique des années trente permit donc aux Congolais d'échapper au travail forcé.

Seconde Guerre mondiale

La Seconde Guerre mondiale commença en septembre 1939 pour la France et l'Angleterre et en mai 1940 pour la Belgique. Mais la résistance belge de 1914, finalement victorieuse après quatre ans de lutte sur le sol même de la Belgique ne se renouvela pas. L'armée belge fut vaincue en 18 jours par l'armée allemande et, le 28 mai 1940, le roi Léopold III accepta une reddition des troupes combattantes, sans implication aucune avec les forces du Congo belge. Et le roi fut fait prisonnier, perdant tout pouvoir, tant sur la Belgique que sur le Congo. Par contre, le gouvernement belge du premier ministre Hubert Pierlot et du ministre des affaires étrangères Paul-Henri Spaak réfugié en France dans l'espoir de continuer la lutte avec les quelques forces militaires belges disponibles en France et au Congo, restait dépositaire de l'autorité sur toutes les possessions belges ayant échappé aux Allemands. Or, faute de troupes militaires suffisantes, les Anglais pouvaient craindre de voir l'Italie fasciste, alliée de l'Allemagne, chercher à faire main basse sur le Congo belge en attaquant depuis l'Abyssinie. Mais la résolution des Belges d'Afrique de continuer la lutte se révéla vite à travers la décision du gouverneur général Pierre Ryckmans soutenu par les officiers d'Afrique. Cependant, une coordination avec Londres était nécessaire. Aussi, dès le début de juillet 1940, le ministre Albert de Vleeschauwer était arrivé à Londres, en passant par la France, l'Espagne et le Portugal, nanti des pleins pouvoirs, notamment sur le Congo. Reçu par Winston Churchill qui l'encouragea à faire venir ses collègues, il s'attacha à entrer en rapport avec le gouvernement belge resté en France et qui s'y trouvait réduit à deux unités, le premier ministre Hubert Pierlot et le ministre des affaires étrangères Paul-Henri Spaak. Ceux-ci, qui avaient cru pouvoir faire confiance à la France, avaient d'abord hésité devant le choix de rester dans ce pays ou de partir en Angleterre. Mais la défaite française et l'armistice franco-allemand qui s'en suivit les priva de la reconnaissance officielle du nouveau gouvernement français de Vichy et de sa protection diplomatique. Sans cette protection, les deux ministres, bloqués dans un village du midi de la France où les autorités françaises les avaient relégués, pouvaient craindre de tomber dans les mains des Allemands. Or, ils représentaient l'autorité légale de la Belgique libre, c'est-à-dire le pouvoir sur le Congo, indispensable aux yeux du gouvernement anglais, très légaliste, pour garantir le maintien dans le camp allié de l'Afrique belge avec ses richesses stratégiques, céréales, huiles et ressources minières nécessaires pour la fabrication des armements. Finalement, les deux ministres, parvenus à la frontière franco-espagnole, finirent par rejoindre Londres en octobre grâce à De Vleeschauwer. Celui-ci, venu à la frontière protégé par un passeport portugais, leur avait organisé une traversée clandestine de l'Espagne cachés dans une camionnette à double fond. Ainsi, le maintien du Congo belge dans la guerre était confirmé par l'installation à Londres d'un gouvernement belge restreint, doté du pouvoir de gérer le domaine colonial belge et de conclure tout traité économique et militaire avec l'Angleterre et les puissances, petites et grandes.

Les troupes de la Force Publique congolaise participèrent à la guerre contre l'Italie en attaquant en Abyssinie, y remportant plusieurs victoires couronnées par celle de Saïo et d'Asosa. Le Congo, passé dans la zone sterling, gardait sa monnaie, le franc congolais, tandis que, depuis 1940 et l'occupation allemande, la Belgique avait sombré dans la misère (chômage, déflation, pénurie). Le Congo fut dirigé pendant toute la guerre par l'administrateur de la colonie, le ministre Albert de Vleeschauwer, à qui le gouvernement belge réfugié à Londres avait donné les pouvoirs les plus larges, faisant de lui un véritable « proconsul ». C'est à de Vleeschauwer que la Belgique dut de pouvoir financer son action combattante (trois escadrilles belges dans la RAF, troupes contre l'Italie en Abyssinie, flotte marchande au service de la cause alliée, reconstitution en Angleterre d'une force armée destinée à participer à la reconquête du continent européen), tout en participant à l'effort économique des alliés par d'importantes fournitures qui rendirent la Belgique créditrice vis-à-vis des Anglais et des Américains, ce qui favorisa le redressement du pays après la guerre. Fort de ses pleins pouvoirs, De Vleeschauwer géra aussi, depuis Londres et pendant toute la guerre, les importantes finances des Luxembourgeois réfugiés avec leur grande-duchesse Charlotte, cela dans le cadre de l'Union monétaire belgo-luxembourgeoise de 1921, complétant ainsi l'effort au service des Alliés. Ainsi, grâce au Congo belge, dirigé sur place par le gouverneur général Ryckmans et son administration belgo-congolaise, le gouvernement belge d'Hubert Pierlot put affirmer la survie de la Belgique en mettant à la disposition des alliés des forces militaires ainsi que les ressources agricoles (le caoutchouc) et minérales de la Colonie (or, étain, cuivre, uranium).

Alors que la Force Publique du Congo avait effectué une campagne victorieuse contre les troupes italiennes d'Abyssinie qu'elle battit à Bortaï, Saio et Asosa, un mouvement de protestation se développa chez les soldats, les paysans et les « évolués », car l'effort de guerre des populations congolaises était lourd. L'administration coloniale recourait au travail obligatoire dans les plantations d'hévéas pour fournir du caoutchouc aux alliés. Quant aux soldats congolais et aux porteurs et camionneurs des services logistiques auxquels on avait inculqué un esprit « belge » qui justifiait pour eux la campagne d'Éthiopie comme une légitime défense contre l'armée italienne, il leur parut moins légitime de partir loin du Congo, d'abord en Égypte, puis en Birmanie contre le Japon.

Après-guerre

La Belgique, occupée par les Allemands, et le reste du monde occidental avaient, après la Seconde Guerre mondiale, perdu beaucoup de prestige aux yeux des Congolais témoins des défaites de 1940. Et c'est, dès 1940, que les Bakongos avaient créé leur mouvement politique, l'ABAKO. En 1941, de graves troubles eurent lieu à Elizabethville. En 1944, eut lieu l'insurrection de l'ethnie kumu. L'adjudant Karamushi proclama même en février 1944 la fin du *mbula matari* (l'État colonial). En mars 1944, des révoltes eurent lieu à Masisi, des grèves et des émeutes les 25 et 26 novembre 1945 à Matadi. La même année d'importants quotidiens furent créés, comme *la Voix du Congolais* et *la Croix du Congo* (sous-titre: le Journal des « évolués » congolais). En 1944 à Luluabourg, des intellectuels avait en effet publié un manifeste pour la reconnaissance et des droits spécifiques pour les *évolués* (Africains ayant terminé dix ans de scolarité). Apparurent alors deux mouvements, l'un violent des ouvriers, paysans et soldats et l'autre pacifique des intellectuels.

Le 2 septembre 1945, le Japon capitule, la Seconde Guerre mondiale est terminée, et les alliés ont gagné. L'Europe est dévastée et l'Europe occidentale se reconstruit grâce aux crédits américains. Cette situation renforce l'influence américaine en Europe et dans les colonies. La guerre froide commençant, les deux grandes puissances, les États-Unis et l'URSS essayent de rivaliser sur le plan international, en particulier en se déclarant toutes les deux opposées au colonialisme. En effet, la Charte des Nations unies, ratifiée par la Belgique, prévoit l'« autodétermination des peuples ». Malgré cette charte et la pression internationale, les puissances coloniales refusent dans l'immédiat de consentir à l'émancipation des peuples qu'ils dominent : les colonies sont pour elles sources de richesses (mines, gaz, pétrole, etc.).

En 1946 Joseph Kasa-Vubu de l'ABAKO fait un discours intitulé *Le droit du premier occupant*. Les « évolués » de Léopoldville sont autorisés à s'organiser en *Confédération générale des syndicats indigènes*. On estime à peu près à 5 609 le nombre d'« évolués ». Suivront l'abolition du fouet, pour le clergé, les gradés de la force publique et les auxiliaires de l'administration. Face à ces mouvements nationalistes, l'administration belge commence à comprendre qu'elle perd sa colonie. Ainsi, le professeur belge Antoine Van Bilsen publie, en 1955, un document intitulé *Plan de trente ans pour l'émancipation politique pour l'Afrique belge.*

L'agenda prônait une émancipation progressive du Congo sur une période de trente ans, une durée que Van Bilsen jugeait adéquate pour créer une élite intellectuelle qui puisse prendre la place des cadres belges. Le gouvernement belge et nombre d'« évolués » furent sceptiques par rapport à ce plan, les uns parce qu'il impliquait de perdre le Congo à terme, les autres parce que cette durée leur semblait trop longue. Un groupe d'« évolués » catholiques répondit positivement à ce plan dans un manifeste publié dans un journal congolais *La Conscience africaine.* Leurs seules divergences concernaient l'importance de la participation congolaise au cours de cette période de trente ans.

Années 1950-1960

Enseignement

L'enseignement primaire, post-primaire, secondaire et universitaire était gratuit[3].

En 1960, 1.773.340 élèves dont 1.650.117 en primaire, 22.780 en post-primaire, 37.388 de niveau secondaire, 1445 suivent des cours universitaires. Seuls 68.729 élèves dans l'enseignement officiel (de l'État), 1.359.118 dans l'enseignement des missions catholiques, 322.289 élèves dans les missions protestantes[3].

La langue d'enseignement est le français, même si quelques écoles officielles dispensent des cours en néerlandais - mais seuls des Flamands s'y intéressent[3].

Depuis 1946, toutes les écoles sont soumises à l'inspection médicale : au début de l'année scolaire, tous les élèves subissent un examen médical; chaque année, les locaux, les dépendances et le mobilier sont passés en revue; des mesures prophylactiques sont prises en cas de maladies contagieuses; le régime alimentaire des internats est inspecté, le sport contrôlé, etc.[7]

L'enseignement supérieur : Fondation Médicale de l'Université de Louvain au Congo (Fomulac), fondé en 1926 a formé des générations d'infirmiers, laborantins et assistants médicaux. En 1932, fondation de la Cadulac, Centres Agronomiques de Louvain au Congo. En 1938 fondation de la Cemubac par l'université libre de Bruxelles pour la formation de personnel médical. En 1945, fondation à Kisantu d'une école supérieure de Sciences Administratives. En 1947, fondation du «Centre Universitaire congolais» à Kimwenza pour l'enseignement technique supérieur orienté vers les sciences administratives, agricoles et médicales.. En 1954, fondation à Léopoldville de la première section pré-universitaire, puis la même année fondation de l'Université Lovanium[3]. Ce fut la première université francophone en Afrique Noire, université d'obédience catholique. C'était aussi la seule sur le continent africain à posséder un réacteur de recherche nucléaire[3]. Il y avait 763 étudiants noirs et une minorité de blancs qui suivaient les cours, d'une qualité équivalente à celle de la métropole[3,8]. L'État créa une université officielle, laïque, à Elisabethville, en 1956. Les protestants préparaient l'ouverture d'une troisième université à Stanleyville, mais son ouverture fut retardée à 1963 à la suite des événements de l'indépendance[3]. Il y avait 17 diplômés à la veille de l'indépendance, mais quatre ans plus tard, le Congo sera le pays qui comptera le plus d'universitaires. On recensait 300 bibliothèques publiques en sus des bibliothèques installées par les missionnaires[8].

Parallèlement, sont apparus des boursiers dont le niveau d'études est le même que celui des européens puisqu'ils vont faire leurs études en Belgique.

La formation du clergé fut une priorité pour les Missions. En 1950, 400 séminaristes suivaient les cours de Philosophie (3 ans), faisaient un stage (un an) ou étudiaient la théologie (5 ans). Le premier Congolais fut ordonné en 1917, après 21 ans de formation, études primaires et secondaires comprises[3].

42% de la population en âge scolaire est alphabétisée, ce qui place le Congo belge loin devant les autres pays africains[3].

Santé

En 1960 le pays possédait une infrastructure en soins de santé, recherche et formation de personnel médical qui dépassait de très loin celle des autres pays africains. Quelques chiffres :

Environ 3.000 établissements de soins, dont 380 hôpitaux tenus par un personnel bien formé : 750 médecins, dont 400 à l'État et 80 indépendants et 7.900 assistants médicaux. Lits d d'hôpitaux : 5,34/1.000 habitants (soit 1 pour environ 160 habitants). À la même époque : Ghana 0,55; Inde : 0,32; Égypte : 2,43[3].

Lutte contre les maladies : maladie du sommeil, on est passé de 34.000 cas en 1931 à 1.100 cas en1959 (quasi-éradication), grâce notamment à l'éradication de la mouche tsé-tsé. Polio, rougeole, fièvre jaune : vaccination généralisée obligatoire, tant pour les Congolais que pour les Européens.

Vaste programme de traitement et de prévention en vue de l'éradication de la polio, de la lèpre qui touchait 2% de la population, et de la tuberculose (0,2% de la population contaminée)[3].

Une intense lutte contre la malaria et ses causes aboutit notamment à l'éradication du moustique vecteur des centres urbains et de certaines zones rurales[3].

Taux de mortalité : 39/000 en 1929 à 3/000 en 1956[3].

Dans les écoles il y avait un suivi médical assuré, une éducation sanitaire poussée. Les entreprises investissent également largement dans le domaine sanitaire.

Démographie et économie

Taux de natalité en 1956 : 35/000. La moitié de la population à moins de quinze ans[3].

De 1950 à 1958, l'indice du salaire du travailleur congolais passe de 100 à 237 pour une augmentation du coût de la vie de 20 %. Dans le même temps, le colon blanc, ainsi que le cadre moyen congolais[3] est plus prospère que les habitants de métropole. Avec la fin de la guerre mondiale se produit un fort accroissement démographique : la population augmente alors de 2 % par an.

En 1959, le P.I.B. par habitant au Congo s'élève à 90 dollars US/habitant, proche de la Grèce et du Portugal, égal au Canada[9].

L'urbanisation est croissante : nombreux sont alors à Stanleyville, Elisabethville, Jadotville et surtout Léopoldville les hommes venus de province pour chercher du travail et qui, s'ils en trouvent, renvoient une grosse partie du salaire à leur famille restée au village.

Sur le plan matériel, l'ouvrage de Liliane Kissimba *Et Dieu créa le Congo* (éd. Bernard Gilson) recense le bilan exceptionnel de la colonisation, sur le plan du niveau de vie, qui se traduit, à la veille de l'indépendance, par un revenu de 90 dollars, valeur 1960, par habitants africain, le plus élevé d'Afrique, plus élevé même que celui de beaucoup d'autres pays dans le monde. Et l'accroissement du PIB est de 4,8 % par an. Enfin, il faut citer le développement des aménagements de génie civil. Outre trois grands barrages hydro-électriques, il y a un réseau ferroviaire de 5 241 km dont plusieurs centaines sont électrifiés, 14 597 km de voies navigables entretenues, 3 aéroports internationaux et 38 villes bénéficient d'aéroports.

Le réseau routier compte 123 554 km de routes bien entretenues : 31 771 km de routes principales, 76 857 km de routes secondaires, 17 122 km de routes privées, la plupart carrossables pour les mêmes voitures qu'en métropole : on pouvait se déplacer de Léopoldville à Elisabethville en Citroën 2CV[3].

La croissance démographique commence à dépasser la croissance du PIB et le chômage s'installe dans les cités indigènes, les quartiers noirs des villes. La Belgique met en place un système d'allocations de chômage, les Fonds du roi et un système de protection sociale.

«Entre 1945 et 1959, le revenu par habitant en milieu agricole a doublé et la population vivant de l'agriculture a augmenté de 20% »[3]. Ce fut le résultat d'un encadrement généralisé visant à la fois l'auto-subsistance et la production de cultures industrielles. Production en tonnes (avec l'année de référence entre parenthèses) : Manioc : 780.632 (1952); huile de palme: 245.216 (1957); noix palmiste : 140.000 (1957); café : 60.421 (1959); cacao : 4.514 (1959); thé : 3.669 (1959); coton : 40.420 (1959); sucrer : 17.331 (1957). Elevage : 500.000 têtes de bovins en élevage indigène; 307.000 têtes d'élevages européens. Outre la pêche dans les fleuves et rivières, la production des pêcheries est passée de 16.000 tonnes en 1946 à 145.000 tonnes en 1958. En 1960, l'agriculture fournissait 40% des exportations[3,10].

60% des exportations proviennent des exportations minières[10]. Le Congo belge fut l'un des premiers et des principaux exportateurs d'uranium pour les États-Unis au cours de la Seconde Guerre mondiale et de la Guerre froide (mine de Shinkolobwe). Mais les produits principaux étaient le cuivre (4e producteur mondial), l'or, le diamant industriel (premier producteur mondial), l'étain. Suivent 12 autres minerais, dont le cobalt (75% de la production mondiale)[3]. Les prix des produits exportés dépendaient de la concurrence internationale. Des investissements considérables ont permis le développement Une des grandes qualités de son économie permettant sa résistance aux crises résidait dans la multiplicité de ses produits d'exportation miniers et agricoles, la perte de valeur conjoncturel des uns étant alors compensée par la valeur des autres[10].

La colonie ne comptait que pour moins de 6% des exportations de la métropole et inversement, la colonie n'exportait que 8% de son total vers la Belgique[3]. La Banque Centrale était chargée du rapatriement des devises provenant des exportations, au seul profit du Congo, et non de la Belgique. «Aucun transfert vers l'État belge n'a jamais eu lieu, si ce n'est pendant la guerre dans le cadre de «l'effort de guerre » »[3]. Par contre, il y eut des transferts de la Belgique vers le Congo, et des subventions : les dépenses du Ministère des Colonies[3]. Les Églises catholiques et protestantes investirent des sommes considérables provenant notamment de collectes en Belgique. Mais l'essentiel du développement du Congo provient des revenus de son activité économique prospère, qui connait une croissance constante (6,22% d'accroissement des exportations en valeurs sur la période 1920-1959)[10].

L'historien de l'ULB, Jean Stengers, a estimé que le bilan financier pour la Belgique, des 52 ans de colonisation s'est soldé par une perte de 235 millions de francs or[11]. Après 1950, la séparation des budgets trésor belge -Trésor congolais fut la règle, avec cependant des entorses en faveur de la colonie dans les dernières années précédent l'indépendance : allocation d'un demi milliard en 59 et de 2,7 milliards de francs congolais en 1960[12]. Colette Braeckmans, journaliste, estime qu'au vu des bénéfices indirects (emprunts à la métropole, etc.), le Congo "n'a rien coûté à la Belgique"[12]. La charge de la dette publique représente, en 1958, 18% du budget congolais. Les emprunts de la Colonie (qui ont provoqué un endettement comme dans l'ensemble du monde développé) se justifiaient par le rendement passé et programmé des investissements : ils ont accru les capacités de production[10]. À la veille de l'indépendance, une Commission pour l'étude des problèmes du Congo tire la sonnette d'alarme : à partir de 1958, à la suite de l'instabilité politique, le bilan se détériore. En 1960, les recettes du Congo s'élèveront à 12 ou 13 milliards, et les dépenses à 20 ou 21 milliards de francs congolais[12].

Depuis 1885, 190 milliards de Francs congolais ont été investis, généralement avec de bons rendements. Cependant, un lien déterminant entre la prospérité de la Belgique et sa colonie n'a pu être établi[12]. La Belgique, avant la période coloniale, était seconde puissance industrielle après l'Angleterre (avec des inégalités sociales criantes), place qu'elle perdra dans les années 1880 au profit d'une amélioration lente mais progressive de la condition du prolétariat[13,3]. Après 1960, la Belgique connaît, comme les pays voisins, une période de prospérité, les "golden sixties". Depuis l'Indépendance congolaise, les relations commerciales avec la Belgique n'ont cessé de décroître[14], se positionnant largement sous la barre des 5% de son commerce extérieur.

Évolution politique

Après la guerre se constate un bouleversement des mentalités. De nombreux Congolais ont une formation conséquente, lisent, s'informent, s'ouvrent au monde et commencent à écrire. Les idéologies occidentales les contaminent à leur tour, en particulier le socialisme très répandu en métropole[15], même sous sa version communiste, prônant l'émancipation du prolétariat, le soulèvement contre la bourgeoisie. Transposée en Afrique, l'idée d'émancipation s'applique aux indigènes, le plus souvent relégués à une condition prolétarienne, les Blancs représentant la bourgeoisie honnie. Très influent aussi la notion de combat non-violent, répandue par Gandhi qui a arraché à l'Angleterre son indépendance en 1948. Nkrumah s'inspire de Gandhi pour obtenir l'indépendance du Ghana en 1958. La première Conférence panafricaine à Accra[16], popularise l'idée d'indépendance, d'émancipation des peuples. Les Noirs prennent conscience de l'orgueil hautain, souvent méprisant des Blancs de plus en plus nombreux[17]. Les privilèges et le luxe des étrangers choquent, les entraves à la liberté ne sont plus acceptées, la discipline très exigeante imposée notamment dans l'enseignement et dans les entreprises est considérée comme révoltante. Cette discipline comprenait notamment le respect d'horaires stricts, l'obligation de fournir un travail conséquent, et pour ceux qui résistent des peines corporelles (la chicotte) ou l'exclusion. L'irrespect ou le manque de compréhension des cultures autochtones est de plus en plus mal vécu, d'autant plus que la culture européenne est imposée de façon abrupte, sans ménagements. Les Noirs n'acceptent plus les salaires de misère[18].

À la suite de la guerre d'Indochine et à la création de l'union française en 1946, Antoine Van Bilsen publie, en 1955, son *Plan de trente ans pour l'émancipation politique pour l'Afrique belge*, qui prônait l'émancipation progressive du Congo sur une période de 30 ans (*cf. supra*). Le cardinal congolais Malula rédige alors le « Manifeste de conscience africaine » comme réponse à Van Bilsen et accepte l'indépendance prévue pour 1985. Mais le séminariste Kasa-Vubu rédige alors son propre manifeste, « le Manifeste de l'ABAKO » qui réclame l'indépendance immédiate. Face à ces événements, et à la suite de l'activisme non violent de nombreux Noirs, l'administration belge commence à préparer lentement sa colonie vers l'indépendance.

En 1955, le roi Baudouin (« *bwana kitoko* », ou le « beau seigneur ») accomplit un voyage au Congo pour apaiser le nationalisme congolais. Si les partis politiques sont autorisés dès 1956, ils sont souvent parrainés par des partis politiques belges, ainsi l'amicale socialiste d'Alphonse Nguvulu et l'amicale libérale de Patrice Lumumba. En 1957, les Congolais peuvent, pour la première fois, participer à des élections communales. Des bourgmestres et des conseils communaux noirs sont élus. Ils ont tous des conseillers belges.

Les mouvements ou partis principaux sont :

ABAKO

L'association d'origine ethnique ABAKO (ou Association des Bakongo), dirigée par le futur président Joseph Kasa-Vubu, décida de prendre ses distances avec le plan Van Bilsen. En partie parce que nombre d'« évolués » catholiques qui signèrent le manifeste de la *Conscience africaine* ne faisaient pas partie de l'ethnie Kongo où l'ABAKO gagnait ses partisans, mais aussi parce que l'ABAKO prônait des idées plus radicales, sans accession progressive à l'indépendance. L'ABAKO demandait au contraire l'accession immédiate à l'indépendance. L'organisation consolida son implantation dans le Bas-Congo et à Léopoldville dans les années qui suivirent. Vers le début de 1959, le Bas-Congo échappait au contrôle des autorités belges, l'ABAKO prônant la désobéissance civile pacifique. Les autorités belges interdirent une manifestation de l'ABAKO le 4 janvier 1959, ce qui jeta des nombreux Congolais dans la rue à Léopoldville. Armés de pierre, ils attaquèrent les colons blancs avec un seul slogan *Dipanda, dipanda* (indépendance). La force publique répliqua en ouvrant le feu. Les émeutes durèrent du 4 au 7 janvier 1959. Les journaux parlèrent de 14 morts noirs et 9 colons tués. Le 12 janvier, Kasa-Vubu fut arrêté et emprisonné pour deux mois. Le 20 janvier, le roi Baudouin annonça la volonté belge de conduire les populations congolaises à l'indépendance.

Le MNC

En parallèle se constitua le Mouvement national congolais (qui ne fut officiellement constitué qu'en 1956). Le MNC était dirigé par le charismatique futur Premier Ministre Patrice Lumumba et prônait la création d'un territoire national unique après l'indépendance. Le mouvement fut rapidement structuré en quatre sections liées à quatre provinces (des six existantes). En 1959, une scission intervint, précipitée par Albert Kalonji et d'autres cadres du MNC souhaitant une politique plus modérée que celle prônée par Lumumba. Ce groupe fut rapidement dénommé Mouvement national congolais-Kalonji. Malgré les divergences dans le parti, la faction gauchiste de Lumumba (dénommée Mouvement national congolais-Lumumba) et le MNC dans son ensemble avaient réussi à s'imposer comme le plus important et le plus influent parti du Congo belge. La Belgique vit d'un mauvais œil la montée de Lumumba et de ses idées de gauche, et y perçut une menace pour ses intérêts économiques sur le territoire. Le MNC remporta cependant clairement les premières élections au Congo et força les Belges à nommer Lumumba Premier Ministre.

La Conakat

La Confédération des associations tribales du Katanga (Conakat), était dirigée par Moïse Tshombe.

Se définissant comme « d'authentiques Katangais », les militants de la Conakat provenaient essentiellement des ethnies Lundas, Yeke et Basongye du Sud Katanga, connus pour leurs inimitiés à l'égard des immigrants Luba du Kasaï, pour la plupart employés dans les mines. La victoire décisive remportée par ces « étrangers » aux élections communales de 1957 aiguisa encore l'agressivité des dirigeants de la Conakat envers les immigrants du Kasaï. Le Conakat pour sa part, favorisait le rapprochement entre les colons belges et les Katangais de souche, les Katangais dits « authentiques ».

Une autre menace se fit jour pour la Conakat au nord du Katanga, non de la part des Lubas immigrés, mais de Lubas historiquement présents dans le Nord-Katanga. Dirigés par Jason Sendwe, ils créèrent leur propre mouvement politique, l'Association des Baluba du Katanga (Balubakat), qui se coalisa rapidement avec la branche lumumbiste du MNC. Malgré les affinités entre les deux groupes, les Lubas du Kasaï suivaient le mouvement de la Fédération du Kasaï (Fédéka), proche du MNC-Kalonji. Dès lors, l'alliance entre la Balubakat et le MNC-Lumumba, comprenant nombre de Luluwas, n'avait que peu de chances de trouver un écho auprès de la Fédéka. Les divergences entre les Lubas du Katanga et du Kasaï bénéficièrent directement à la Conakat et à leurs partenaires européens.

1958 à 1960 : stratégie non-violente pour l'indépendance

Lumumba et Jean Van Lierde[19] avaient élaboré avec les leaders de l'Abako, du P.S.A., du M.N.C. et d'autres groupements, une stratégie non-violente et collective qui s'était avérée très efficace, mobilisant des centaines de milliers de Congolais à boycotter les cérémonies officielles, les tribunaux, l'administration, refus de payer les impôts, etc.[19] [20]La Force Publique ne put rien faire face à cette stratégie, sauf en janvier 1959, lorsqu'elle réussit à provoquer la violence lors des émeutes de Léopoldville et l'incarcération de Kasa-Vubu et d'autres personnalités. Fin octobre le lieutenant général Janssens et le colonel Gheysen se rendent en Belgique pour obtenir l'intervention de l'armée belge. Jean Van Lierde déclenche une campagne non-violente en Belgique: campagne de presse et agitation concentrées, avec un tract largement diffusé : "Pas un sou, pas un homme pour une guerre coloniale... Refusez de partir". Les syndicats, le parti socialiste et le parti communiste, les étudiants et les chrétiens de gauche le rejoignent et menacent le gouvernement de grève nationale. Le ministre de la Défense, Gilson, renonce dès lors au texte de l'arrêté qui lui donnait le pouvoir d'envoyer des miliciens au Congo. À la suite de cette mobilisation générale, tant au Congo où les actions restèrent non-violentes (plus un Blanc ne fut tué par la population), qu'en Belgique, le gouvernement belge concéda la légalisation des partis politiques congolais, suivie par des élections générales pour tout le pays[19].

L'activité électorale qui s'ensuivit permit de faire émerger trois tendances politiques principales : une coalition de fédéralistes nationalises, composée de six partis ou organisations, dont l'ABAKO et le MNC-Kalonji, le MNC-Lumumba et finalement l'homme fort du Katanga, Moïse Tshombe, conscient de la vitalité économique de sa province et des intérêts financiers de l'Union minière (à l'instar de l'intérêt de Kalonji pour l'industrie diamantaire du Kasaï). En 1960, la table ronde de Bruxelles fut décidée, et se déroula du 20 janvier au 20 février. Les représentants congolais et belges se mirent d'accord sur le principe d'élections nationales dans le courant de l'année. Au lendemain de la table ronde, les transferts de fonds vers l'Europe prenaient une ampleur telle que les politiciens congolais accusèrent la Belgique de « vider la caisse » avant l'indépendance. De violentes émeutes politico-ethniques éclatèrent avant les élections au Katanga, au Kasaï et à Léopoldville, mais les violences meurtrières furent surtout le fait des Congolais de la Force publique.

L'indépendance fut obtenue avec moins de vingt morts parmi les Européens. Les élections se déroulèrent en mai (élections législatives et provinciales) et virent la victoire des partis « nationalistes » (Céréa 10 sièges, PSA-Gizenga 13, MNC 74, total des sièges : 137 sièges) (importance de l'ABAKO) et décidèrent d'un nouveau compromis au niveau de l'exécutif : Joseph Kasa-Vubu fut élu président par le Parlement et Lumumba fut désigné Premier ministre. Lors de son discours du 30 juin, fidèle à son idéologie non-violente, il appela à "respecter inconditionnellement la vie et les biens de vos concitoyens et des étrangers établis dans notre pays"[19].

Chapitre 6

Crise congolaise

Parachutistes belges au Congo pendant l'opération Dragon Rouge en 1964.

La **crise congolaise** est une période de troubles politiques et de conflit ayant eu lieu en République du Congo (aujourd'hui République démocratique du Congo) entre 1960 et 1965. La crise commence presque immédiatement après l'indépendance du pays et prend fin après l'arrivée au pouvoir de Joseph-Désiré Mobutu.

Consistant en plusieurs guerres civiles, la crise congolaise fit partie des nombreuses guerres par procuration de la Guerre froide, au cours desquelles les États-Unis et l'Union soviétique apportèrent leur soutien matériel, financier et logistique à des groupes militaires opposés. Plus de 100 000 personnes trouvèrent la mort pendant la crise.

L'émergence d'un mouvement national dans le Congo belge exigeant la fin de la domination coloniale mena le pays vers son indépendance acquise le 30 juin 1960. Peu de préparatifs eurent lieu et des questions primordiales relatives au nouvel État telles que le statut des ethnies ou l'organisation fédérale restèrent sans solution. Au cours de la première semaine de juillet, une mutinerie éclata dans l'armée ; s'ensuivit une escalade de la violence entre civils blancs et noirs. En réponse, la Belgique envoya des troupes afin de protéger la population blanche. Soutenues par la Belgique, deux régions du Congo firent sécession : le Katanga et le Sud-Kasaï. L'état d'instabilité et de violence poussa l'ONU à déployer des casques bleus pour maintenir la situation sous contrôle, mais le secrétaire général Dag Hammarskjöld refusa d'utiliser ces troupes pour aider le gouvernement central de Léopoldville à combattre les séparatistes. Patrice Lumumba, Premier ministre et chef charismatique du groupe nationaliste le plus influent, réagit à cela en demandant une assistance de l'Union soviétique, qui répondit promptement en envoyant des conseillers militaires et en fournissant un support logistique.

L'implication des Soviétiques fut très controversée au sein du gouvernement congolais et aboutit à un désaccord majeur entre Lumumba et le Président Joseph Kasa-Vubu. Le général Mobutu, commandant des armées, réagit à cette situation par un coup d'État. Il expulsa alors les conseillers soviétiques et forme un nouveau gouvernement qu'il place sous son contrôle. Un gouvernement rival, fondé par Antoine Gizenga et les partisans de Lumumba dans la ville de Stanleyville à l'est recueillit le soutien soviétique mais furent rapidement battus en 1962. Pendant ce temps, l'ONU adopta une position plus agressive envers les séparatistes après la mort de Hammarskjöld dans un accident d'avion en 1961. Grâce au soutien des casques bleus, Léopoldville réussit à vaincre les mouvements séparatistes du Katanga et du Sud-Kasaï en 1963.

Après l'affirmation du contrôle du gouvernement central sur les régions du Katanga et du Sud-Kasaï, une constitution conciliante de compromis fut adoptée. Le leader du Katanga exilé, Moïse Tshombe, fut rappelé pour diriger le gouvernement d'intérim en l'attente de nouvelles élections. Avant l'organisation de ces dernières, une rébellion éclata dans l'est du pays. Des révolutionnaires d'inspiration marxiste, les Simbas, s'emparèrent de l'est du pays et proclamèrent une « République populaire du Congo » communiste à Stanleyville. Les forces gouvernementales gagnaient peu à peu du terrain face aux Simbas mais l'intervention militaire de la Belgique et des États-Unis en novembre

1964 pour secourir des otages capturés par les rebelles scella la défaite définitive de la rébellion Simba et la dissolution du mouvement. Après les élections de mars 1965, une lutte pour le pouvoir émergea entre Tshombe et Kasa-Vubu, causant la paralysie du gouvernement. Le général Mobutu organisa alors un second coup d'État en novembre 1965, qui lui permit de rétablir un contrôle personnel sur le pays. Sous le régime de Mobutu, le Congo (renommé Zaïre en 1971) demeure une dictature personnelle jusqu'à son renversement en 1997.

Contexte

Avant l'établissement de la Première république en 1960, les élites congolaises avaient formé des organisations semi-politiques qui se constituèrent progressivement en partis politiques réels militant pour l'indépendance. Ces organisations avaient généralement pour base l'une de ces trois origines : communauté ethnique, communauté d'études, intellectualisme urbain.

La plus importante de ces organisations était l'Alliance des Bakongo (ABAKO), fondée en 1950, qui était une association ethnique fondée pour promouvoir les intérêts et la langue des Bakongo (ou Kongo). L'ABAKO, dirigée par Joseph Kasa-Vubu au cours de la crise, fut à la tête des demandes les plus insistantes pour l'indépendance et le fédéralisme. D'autres organisations moins connues étaient Liboke lya Bangala, qui défendait les ethnies proches des Bangala, et la Fédékaléo – qui comprenait des personnes originaires du Kasaï. Cette dernière se scinda par après en différentes organisations plus petites. Bien que ces organisations défendaient des intérêts issus des provinces, elles étaient cependant basées à Léopoldville, une des raisons d'être de leur création étant la nécessité de maintenir des liens entre les groupes d'origine et les nombreux immigrés dans la capitale.

D'autres groupes étaient les différentes associations Alumni —dont les membres se recrutaient parmi les anciens étudiants des écoles catholiques congolaises. De nombreux dirigeants politiques venaient de ces associations, dont les réseaux étaient fort développés.

La troisième origine de ces groupes politiques était les *Cercles*, des associations qui se développèrent dans les villes congolaises, qui avaient l'ambition de développer la solidarité entre les *évolués* (élites éduquées). Selon Patrice Lumumba, le leader des cercles de Stanleyville, les cercles furent créés pour "développer la formation intellectuelle, sociale, morale et physique" des évolués.

Le plan de 30 ans

Au début des années 1950, la Belgique fut progressivement mise sous pression pour transformer le Congo belge en un état souverain. La Belgique avait en effet signé l'article 73 de la Charte des Nations unies, qui encourageait l'autodétermination des peuples, et les super-puissances poussaient également à une révision du statut du Congo. Les gouvernements belges ne s'aventurèrent cependant pas davantage en cette direction. Cependant, le professeur A.J. Van Bilsen publia en 1955 une étude intitulée *Plan de 30 ans pour l'émancipation politique de l'Afrique belge*. La durée attendue pour le déroulement de ce plan, était la durée qu'escomptait Van Bilsen pour la formation et la mise en place d'élites locales capables d'assurer la gestion de l'État. Le gouvernement belge et de nombreux *évolués* étaient sceptiques à propos de ce plan, les premiers refroidis par la perspective d'abandonner le pays, et les seconds par l'importance de la durée de cette transition. Un groupe d'*évolués* catholiques répondit cependant positivement à ce plan par un manifeste publié dans un journal congolais, la *Conscience Africaine*, le seul point contesté étant la faiblesse de la participation locale dans la mise en place de ce plan. L'association ethnique ABAKO décida de prendre ses marques à l'égard de ce plan, en partie à cause du fait que nombre de ces *évolués* catholiques n'étaient pas d'origine ethnique Bakongo dont l'ABAKO défendait les intérêts, mais aussi parce qu'elle défendait des positions plus radicales, et moins graduelles quant à la fin du colonialisme. L'ABAKO demandait la mise en place immédiate d'un pouvoir indépendant pour le Congo.

L'indépendance

À partir de 1955, la Belgique prit l'initiative de décoloniser le Congo. Initialement, dans l'esprit de l'administration belge, l'indépendance devait avoir lieu entre 1980 et 2000 ; mais l'indépendance des colonies françaises et les émeutes du 4 janvier 1959 accélérèrent le processus. Au cours de la table ronde de Bruxelles, l'indépendance fut fixée au 30 juin 1960. Il n'y avait alors que trente universitaires diplômés dans le pays, mais 466 étudiants congolais dans les deux premières universités d'Afrique centrale (à Léopoldville et à Elisabethville) et 76 dans certaines universités européennes. De plus, le Congo comptait plus d'un millier de diplômés en médecine, pédagogie, agronomie, science vétérinaire, en technologie et en théologie, et le taux de scolarisation (55 %) y était le plus haut de tous les pays "tropicaux", ainsi que le nombre d'écoles par rapport à la population (une pour 75 élèves), le plus haut niveau d'instruction (50 à 55 %) et les plus fortes dépenses pour l'enseignement (en 1958 et 1959, 2 100 millions de francs annuellement, soit 15 % du budget)[1].

Le 29 juin 1960, une tentative de proclamer l'indépendance du Katanga fut déjouée par les services secrets belges.

L'indépendance de la *République du Congo* (Congo-Léopoldville) fut proclamée le 30 juin 1960, avec Joseph Kasa-Vubu comme Président et Patrice Lumumba comme Premier ministre. Le pays partageait son nom avec celui de la République du Congo à l'ouest, une colonie française ayant gagné son indépendance en 1960 également ; elles étaient distinguées par le nom de leur capitale, Congo (Léopoldville) et Congo (Brazzaville).

Déroulement de la crise

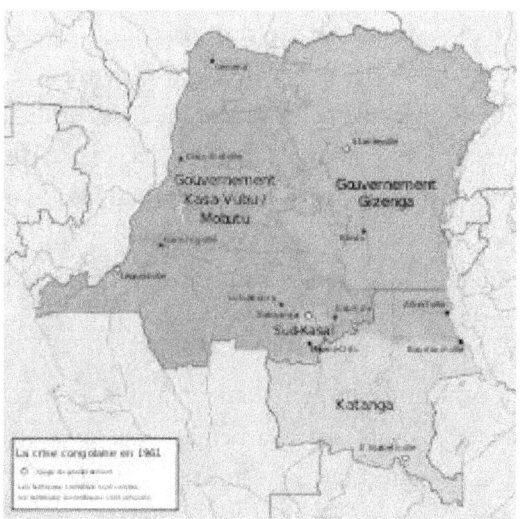

Carte des parties contrôlées par les acteurs de la crise congolaise : en **bleu**, le gouvernement de Léopoldville ; en **rouge** le gouvernement de rébellion basé à Stanleyville ; en **vert** le Katanga autonome ; en **jaune** le Kasaï indépendant.

La première république

{...}

Mutineries

Malgré la proclamation de l'indépendance politique, le nouvel État ne disposait que de peu d'officiers nationaux, et des officiers étrangers restèrent en place en l'attente de la formation des élites nationales. Le 5 juillet 1960, l'armée (la *Force Publique*) basée à proximité de Léopoldville se mutina contre les officiers blancs et attaqua différentes cibles européennes. Il y eut de nombreuses exactions, dont des meurtres et des viols. Ceci causa une grande inquiétude, car 100 000 Européens vivaient au Congo, la plupart dans la capitale, et cet événement brisa la crédibilité du nouveau gouvernement qui se montrait incapable de contrôler sa propre armée.

Ceci conduisit immédiatement à une intervention militaire au Congo par la Belgique pour assurer la sécurité de ses citoyens. Le retour des forces militaires belges était une violation claire de la souveraineté nationale du nouvel État, l'aide de la Belgique n'ayant pas été demandée.

La sécession du Katanga

La province méridionale du Katanga, riche en minerais de toute nature, déclara son indépendance sous le nom d'État du Katanga. Son dirigeant, Moïse Tshombe, était un ennemi de longue date de Patrice Lumumba. Tshombe était un proche des compagnies industrielles et minières qui exploitaient notamment dans la province le cuivre, l'or et l'uranium, et qui craignaient de voir disparaître la source même de leur existence, car il croyaient que Lumumba allait nationaliser les mines du pays. Sans le Katanga, le Congo voyait son économie amputée.

Tshombe proclama, le 11 juillet, l'indépendance du Katanga et se proclama, lui-même, par la même occasion, président du nouvel État du Katanga.

Les Katangais d'origine (Lunda, Minungu, Basonge ...) commencèrent immédiatement, sous l'égide de Tshombe et Godefroid Munongo, à persécuter les Katangais d'origine kasaïenne, ceux-ci furent tués ou expulsés au Kasaï notamment dans la ville de Bakwanga (aujourd'hui Mbuji-Mayi).

L'assassinat de Lumumba

Soixante-sept jours après sa prise de pouvoir, Patrice Lumumba fut démis par le Président Joseph Kasa-Vubu. Lumumba, à son tour, essaya vainement de destituer Kasa-Vubu. Lumumba fut dès lors placé en résidence surveillée à la résidence du Premier ministre.

Lumumba décida alors de s'échapper. Il quitta sa résidence caché dans la voiture diplomatique d'un visiteur, il prit la route en direction de Stanleyville. Joseph Mobutu, à la tête de l'armée, lança ses troupes à sa poursuite. Lumumba fut finalement rattrapé alors qu'il traversait la rivière Sankuru, et capturé par des soldats fidèles à Mobutu.

Lumumba appela les troupes locales des Nations unies à son secours. Celle-ci refusèrent de lui venir en aide sur ordre du commandement de New York. Il fut d'abord amené à Léopoldville, où il fut battu et humilié devant journalistes et diplomates.

D'autres mauvais traitements suivirent à la villa de Mobutu. Le Premier ministre élu fut battu devant les caméras de télévision. Lumumba fut ensuite transféré à Thysville, à 150 kilomètres de Léopoldville avec deux partisans, Joseph Okito, vice-président du Sénat, et Maurice Mpolo, ministre de la Jeunesse et des Sports.

Les Belges décidèrent d'une issue plus brutale par télégraphe, en livrant Lumumba à son pire ennemi, le Président du Katanga Moïse Tshombe. Le télégramme disait : « Il faut livrer Satan au juif ».

Lumumba et ses ministres furent battus également au cours du vol qui les emmenaient à Élisabethville le 17 janvier 1961. Ils furent livrés aux soldats katangais , et conduit à la Villa Brouwe où l'attendaient Tshombe et ses ministres, ceux-ci les giflèrent et leur crachèrent au visage. Ils furent gardés et brutalisés à plusieurs reprises. Après cela le Président Tshombe et son cabinet statuèrent sur leur sort.

La même nuit, Lumumba fut emmené dans la savane hors de la ville. Le convoi s'arrêta à côté d'un grand arbre. Trois pelotons d'exécution avaient été également amenés, commandés par un officier belge. Un autre officier belge commanda le peloton d'exécution. Lumumba et deux de ses compagnons issus du gouvernement furent alignés contre l'arbre et exécutés. Le Président Tshombe et deux de ses ministres assistèrent aux exécutions successives. Le corps des trois individus furent ensuite coupés en morceaux, trempés dans de l'acide et brûlés.

Rien ne fut dit pendant trois semaines, même si la rumeur de leur mort se propagea rapidement. La mort de Lumumba fut annoncée sur une radio katangaise, et travestie sous une histoire peu plausible incluant une évasion et un assassinat par des villageois hors contrôle.

En janvier 2014, le département d'Etat des États-Unis reconnait son implication dans le renversement et l'assassinat de Patrice Lumumba[2].

Mobutu et la Deuxième république

En 1965, Joseph Mobutu prit le pouvoir avec l'accord des pays occidentaux, qui le voyaient comme un rempart contre le communisme en Afrique. Il instaura un parti unique, à l'exclusion de toutes les autres formations politiques.

À cette époque, Che Guevara arriva au Congo. Che se plaça sous le commandement du jeune Laurent-Désiré Kabila qui opérait dans la région de Fizi, qui prit le pouvoir quelque 30 années plus tard. Selon Che Guevara, son aventure congolaise fut un fiasco, et il retourna rapidement à Cuba.

Au cours des trois décennies suivantes, Mobutu fut à la tête de l'un des régimes africains les plus durs, corrompus et dictatoriaux.

Bien que le pays soit riche en ressources naturelles comme le cuivre, l'or et les diamants, une grande partie de la population continuait à vivre dans la pauvreté. Mais Mobutu amassait une fortune personnelle estimée à 5 milliards de dollars.

Après avoir changé le nom de la région en Zaïre en 1971, Mobutu poursuivit les purges des restes du colonialisme. En plus de changer le nom de la région et de beaucoup de villes, les plus grandes industries furent nationalisées. Beaucoup de personnes éliminèrent leur nom occidental.

Comme la situation économique et politique empirait, Kabila, une nouvelle fois, commença un mouvement militaire à partir de l'est du Zaïre en octobre 1996 pour le déposer. Comme la rébellion avançait, pour la vaincre, Mobutu revint d'Europe où il suivait un traitement médical.

Mais en mai, avec son régime à la traîne, Mobutu s'enfuit au Togo et ensuite au Maroc. La France refusa son séjour pour traitement médical. Moins de quatre mois après le début de son exil, Mobutu mourut en septembre 1997 au Maroc.

Chapitre 7

Zaïre

Le **Zaïre** était le nom porté par l'actuelle République démocratique du Congo sous la deuxième république, entre 1971 et 1997. Bien que l'appellation ne date que de 1971, le nom de Zaïre est aussi généralement utilisé pour la période 1965-1971 de la deuxième république, l'ensemble de la période étant marqué par la prise de pouvoir dictatoriale de Joseph-Désiré Mobutu. Cet article concerne l'histoire du pays de 1965 à 1997.

Histoire

La première République du Congo (1960-1965)

En 1960, le Congo belge accéda à l'indépendance sous le nom de "République du Congo" mais l'ancienne colonie française, avec laquelle l'ex-Congo Belge partageait une frontière à l'ouest, adopta également le nom de République du Congo (en fait officiellement « République congolaise »). Depuis cette période, ces deux États sont également restés souvent différenciés par les noms de leur capitales : Congo-Kinshasa (alors

Congo-Léopoldville) pour l'ex-Congo belge et Congo-Brazzaville pour l'ex-Congo français.

Les rébellions et incertitudes quant au détenteur du pouvoir se succédèrent jusqu'en 1965, date à laquelle le lieutenant général Joseph Mobutu, alors commandant en chef de l'armée, prit le contrôle du pays et s'autoproclama président pour 5 années. Il consolida rapidement son pouvoir et fut bientôt élu président à l'issue d'un scrutin sans opposition.

La deuxième République, nouvelle République démocratique du Congo (1965-1971)

Rétrospectivement, Mobutu justifia la coupure intervenue en 1965, par un bilan de la première République établi en ces termes : "chaos, désordre, négligence, et incompétence." Le rejet de la légitimité de la Première République allait au-delà des mots. Au cours des deux premières années de son existence, le nouveau régime mit ses priorités sur les tâches de reconstruction et de consolidation politique. Créer les nouvelles bases de la légitimité de l'État, en particulier sous un régime de parti unique, devint la priorité de Mobutu.

Afin de distinguer les deux États voisins du Congo, on ajouta en 1966 le terme « démocratique » à la dénomination de l'ancien Congo belge qui reste désormais connu sous le nom de République démocratique du Congo (RDC) (une désignation qu'il ne gardera que 5 ans et qui ne sera reprise qu'en 1997).

Du Congo divisé au Zaïre unifié de 1971 et la nouvelle constitution de 1974

Une autre priorité fut de reconstruire les structures sociales et politiques du pays, processus qui débuta en 1970, continua avec le changement de nom du pays en 1971, et culmina avec l'adoption de la nouvelle Constitution de 1974 et la zaïrification forcée avec la centralisation et la concentration croissante du pouvoir dans les mains du « Père de la Nation ». En 1976, cependant, cette politique commença à montrer ses limites, à générer ses propres contradictions, et à préparer le retour d'un système *bula matari* (« celui qui brise les rochers ») fait de brutalités et de répressions, y compris contre les différentes ethnies que le régime avait dans un premier temps tenté de gommer en leur attribuant une nouvelle identité.

Mobutu, le Père autoproclamé de la Nation

Depuis 1965, Mobutu Sese Seko a dominé la vie politique du Zaïre, restructurant l'état à diverses occasions, et se donnant le titre de « Père de la Nation. » Toute analyse relative aux structures politiques de ce pays et à son organisation ne peut être envisagée sans s'intéresser à l'homme qui donna ce nom au pays.

Mobutu est né dans la ville de Lisala à proximité du Congo, le 4 octobre 1930. Malgré ce lieu de naissance, Mobutu n'appartenait pas à l'ethnie majoritaire dans la région, mais aux Ngbandis, une petite ethnie dont le territoire se trouve à proximité de la frontière avec l'actuelle République centrafricaine.

Mobutu se référait constamment à ses origines modestes et à la renommée de son oncle, un guerrier et astrologue du village de Gbadolite. Bien que né sous le nom de Joseph-Désiré Mobutu, il était également appelé du nom de son grand-oncle, *Sese Seko Kuku Ngbendu wa za Banga*, ce qui, selon certains, signifie « grand guerrier conquérant, qui va de triomphe en triomphe. »[réf. nécessaire] Mais ce n'est pas exactement cela, même si ces attributs peuvent être donnés à un grand guerrier, qui va de triomphe en triomphe. Voici en fait la vraie signification du nom de cet ancien chef d'État de l'ex-Zaïre : *Mobutu*, c'est-à-dire *Tu es poussière*, *Sese seko*, *La terre éternelle*, *Kuku ngbendu*, *Le piment vert* (qui n'est pas mûr), *Wa za [ka] Banga*, *Le feu/La lumière brûle/brille à l'occident.*[réf. nécessaire]

Quand, sous l'ère de l'authenticité au début des années 1970, les Zaïrois durent adopter des noms « authentiques », Mobutu reprit le nom de son grand-oncle Mobutu Sese Seko Nkuku Ngbendu wa za Banga, ou plus communément Mobutu Sese Seko (voir Zaïrianisation, radicalisation, et rétrocession).

Mobutu, qui passa quatre années à l'école primaire de Léopoldville, prit sept années pour atteindre le diplôme d'enseignement secondaire, fréquentant différentes écoles. Il eut de fréquents conflits avec les missionnaires catholiques des écoles qu'il fréquenta. Il en fut définitivement renvoyé en 1950 à l'âge de 19 ans. Il fut alors intégré pour sept années dans la Force publique.

Le service militaire fut crucial dans la carrière de Mobutu. Contrairement à d'autres militaires, il maîtrisait très bien le français, ce qui lui valut rapidement un emploi de bureau. En novembre 1950, il fut envoyé à l'école pour officiers congolais, où il fit la connaissance de nombre des militaires qui devaient assurer le contrôle de l'armée après le départ des officiers belges à l'indépendance. Vers la fin de son enrôlement, en 1956, Mobutu avait acquis le grade de Sergent-major, le plus haut rang accessible aux congolais. Il avait par ailleurs commencé à publier dans des journaux sous un pseudonyme.

Mobutu retourna à la vie civile alors que la possibilité d'une décolonisation se faisait jour. Ses articles de journal attirèrent l'attention de Pierre Davister, éditeur belge du journal L'Avenir. À cette époque, être parrainé par un européen était une belle opportunité pour un Congolais ambitieux. Sous la tutelle de Davister, Mobutu devint un éditorialiste reconnu pour un nouvel hebdomadaire africain, Actualités Africaines. Davister rendit également plus tard service à Mobutu en donnant un écho favorable au régime de ce dernier via son propre magazine belge, *Spécial*.

Mobutu acquit une visibilité parmi l'élite africaine émergente à Léopoldville. Seule une barrière lui restait fermée pour l'obtention d'un statut dans la société coloniale : la reconnaissance complète en tant qu'évolué dépendait de l'approbation des autorités catholiques. Celles-ci lui refusant cette reconnaissance, il la rejettera par la suite.

Au cours des années 1959-60, les jeunes Congolais politiquement ambitieux s'affairaient à monter des réseaux et des alliances. La résidence de Mobutu en Belgique lui épargna nombre des difficultés auxquelles d'autres étaient confrontés, qui se contentaient de relations locales et ethniques. Mais cette approche ne lui aurait été d'aucun secours, les Ngbandi étant une ethnie des plus minoritaires et parmi les Ngala (locuteurs Lingala immigrés à Léopoldville), d'autres tels Bolikango étaient des opposants potentiels de poids. Mobutu emprunta une autre route, la diplomatie belge, les renseignements et les intérêts financiers locaux et internationaux recherchant des relais parmi les étudiants congolais de Bruxelles.

Mobutu croisa par ailleurs la route de Patrice Lumumba, lorsqu'il arriva à Bruxelles. Il s'allia à

Lumumba, qui partageait notamment son anticléricalisme, à l'époque de la scission du Mouvement national congolais (MNC) et des divergences d'avec Albert Kalonji. Au début 1960, Mobutu fut nommé à la tête du bureau du MNC-Lumumba à Bruxelles. Il assista à la Table ronde tenue à Bruxelles en janvier 1960, et retourna au Congo seulement 3 semaines avant la date du 30 juin prévue pour la proclamation de l'indépendance. Quand l'armée se mutina contre les officiers belges, la nomination de Mobutu était un choix logique pour combler le vide. Lumumba nomma commandant en chef un membre de sa propre ethnie, Victor Lundula, mais Mobutu était le choix privilégié de Lumumba, et il ne tarda pas à prendre une place importante dans l'armée.

Au cours de la période cruciale de juillet-août 1960, Mobutu construisit "son" armée nationale en liant des alliances extérieures avec les unités qui lui étaient acquises, en exilant les autres unités en des régions reculées, et en absorbant ou dissolvant les unités rivales. Il s'assura de la loyauté des individus en contrôlant leurs promotions et leurs rémunérations. Lundula, âgé et moins alerte, ne s'opposa que peu aux plans de Mobutu.

Après la démission de Lumumba par le Président Kasa-Vubu le 5 septembre, puis la tentative de Lumumba de bloquer cette démission par le Parlement, Mobutu prit les rênes pour la première fois le 14 septembre. Sous sa seule autorité (mais avec l'aide des États-Unis), il installa un gouvernement intérimaire, appelé « Collège des commissionnaires », composé essentiellement de diplômés et d'étudiants universitaires, et qui remplaça le Parlement pendant 6 mois en 1960 et 1961.

Au cours des quatre années suivantes se succédèrent des gouvernements civils faibles, le pouvoir réel s'exerçant en coulisse par le "groupe de Binza", un groupe de partisans mobutistes fortunés, dénommé d'après le quartier de Ngaliema où la majorité d'entre eux résidaient

Quand en 1965, comme en 1960, les tensions se firent jours entre le président et le premier ministre et menèrent à l'instabilité du pays, Mobutu s'empara du pouvoir (de nouveau avec l'aide des États-unis). Contrairement à la première fois cependant, Mobutu prit le pouvoir au-devant de la scène.

Reconstruction politique

Mobutu Sese Seko dans les années 1970, affichant ses symboles de la toque en peau de léopard, la canne et lunettes

De 1965 à 1967, l'État de Mobutu s'attache à renforcer sa légitimité en démantelant graduellement les institutions de la première république et en même temps en accroissant la centralisation du contrôle du pouvoir autour du président. Bien que le parlement continuât à se réunir occasionnellement, ses prérogatives furent sensiblement réduites, les décisions exécutives étant généralement dorénavant prises par ordonnances-lois présidentielles. Tous les partis politiques furent dissous et les activités politiques interdites, Mobutu ayant promis que "pendant 5 années, il n'y aurait pas d'activité des partis politiques". En 1966, les 21 petites provinces furent rassemblées en 12, puis 8 et la capitale, et furent renommées régions en 1972 (voir fig. 1). Elles furent transformées en de simples entités administratives directement responsables devant le gouvernement central, et leurs assemblées étaient plus consultatives que législatives. Après la suppression de la fonction de Premier Ministre en octobre 1966, le président détenait le quasi-monopole du pouvoir exécutif, et contrôlait les pouvoirs législatif et judiciaire.

Nombre de sympathisants de l'opposition Tshombiste des années 1960 furent rapidement incorporés au système étatique à travers diverses opérations de patronage. Avec la même célérité, une justice sommaire put disposer des plus farouches opposants au régime. Le 30 mai 1966, quatre personnages-clef de la première république, dont l'ex-Premier Ministre désigné Évariste Kimba, furent accusés de complot envers l'État, jugés en une parodie de procès et pendus publiquement à Kinshasa. Les menaces contre le régime persistèrent cependant. Des poches d'insurrection existaient encore, notamment au Kivu (dont le maquis de Laurent-Désiré Kabila à Fizi) et au Haut-Zaïre (province Orientale). Des mois s'écoulèrent avant que ces foyers de dissidence puissent être contrôlés

Pendant ce temps, des rumeurs faisaient état d'un retour prochain de Tshombe, l'ancien homme fort de l'État du Katanga, exilé en Espagne. Ces rumeurs s'accentuèrent en juillet 1966 lorsque certains des anciens gendarmes katangais, aidés de mercenaires, se mutinèrent et prirent Kisangani (anciennement Stanleyville). Deux mois plus tard, ceux-ci furent repoussés après une intervention du mercenaire français Bob Denard. En juillet 1967, une autre importante mutinerie éclata à Kisangani, déclenchée par la nouvelle que l'avion de Tshombe survolant la mer Méditerranée avait été détourné vers Alger, où Tshombe était désormais détenu prisonnier. Alors que les rebelles étaient boutés de Kisangani par les forces de l'ANC, ils prirent Bukavu, à proximité de la frontière avec le Rwanda, qu'ils gardèrent pendant 3 mois. Ils tentèrent des attaques infructueuses contre l'ANC, mais en novembre, ils passèrent la frontière rwandaise où ils se rendirent aux autorités locales. La campagne brillante et inattendue de l'ANC donna au régime une aura et une légitimité nouvelle. Le temps était venu pour de nouveau changements.

Déjà en janvier 1966, une étape majeure de la consolidation du régime fut effectuée avec la création du Corps des Volontaires de la République (CVR), une organisation dont les membres furent essentiellement recrutés parmi les étudiants de l'Union Générale des Étudiants Congolais (UGEC). Nombre des idées produites par le CVR provenaient d'un groupe d'étudiants radicaux promouvant les thèmes de nationalisme, d'indépendance économique, et de socialisation. Plus qu'un parti, le CVR était essentiellement un mouvement destiné à mobiliser la population derrière Mobutu, *notre deuxième héros national* (après Lumumba). Les succès variables du CVR comme agent de mobilisation populaire et politique, reflétant en partie les excès des étudiants impliqués, incitèrent Mobutu à lancer un mouvement plus large et plus fédérateur, par lequel, selon les mots de Mobutu, « serait animé par le Chef de l'État lui-même, et dont le CVR ne serait pas l'embryon ».

Quête de légitimité et mise en place du nationalisme zaïrois par le MPR

En 1967, Mobutu avait consolidé son pouvoir et œuvra pour donner au pays une nouvelle constitution qui validerait son système de parti unique. La nouvelle constitution fut soumise à un référendum populaire en juin 1967, et fut approuvée par 98 % des votants. Elle donnait un pouvoir accru au Gouvernement central et au président, qui devenait chef de l'état, de la police et de l'armée, et chargé des affaires étrangères. Le président approuvait ou démissionnait les ministres et leurs membres de cabinet, et fixait leurs attributions. Les ministres étaient chargés de la stricte exécution des ordres et programmes du président. Le président approuvait ou démissionnait également les gouverneurs de province, ainsi que tous les juges, y compris ceux de la Cour suprême.

Le parlement bicaméral fut remplacé par une assemblée unique, dénommée Assemblée nationale. Le président avait le pouvoir de légiférer quant aux dispositions non prévues par les lois, sans préjudice de la

Constitution. Sous certaines conditions, le président pouvait gouverner par des arrêtés présidentiels, qui prévalaient sur les lois.

Mais le plus important changement fut celui de la création du Mouvement populaire de la Révolution (MPR) le 17 avril 1967, marquant l'émergence d'une "nation politiquement organisée". Plutôt que d'être un parti considéré comme une émanation de l'État, c'est l'État qui fut désormais considéré comme l'émanation du parti. Dès lors, en octobre 1967, les responsabilités des partis et de l'administration furent mises en commun en une structure unique, assurant l'emprise du parti à tous les niveaux de pouvoir, y compris dans les provinces et jusqu'aux syndicats de travailleurs, mouvements de jeunesse et organisations étudiantes. En peu de temps, le parti était devenu l'instrument exclusif et légitime de la vie politique du pays. Comme le déclara l'un de ses dirigeants, "le MPR doit être considéré comme une église, et son fondateur, le Messie".

La fondation doctrinale suivit de peu la fondation du parti, et prit la forme du Manifeste de la Nsele (du nom de la résidence campagnarde de Mobutu à Kinshasa à Nsele, à six kilomètres de Kinshasa) publié en mai 1967. Le nationalisme, la révolution et l'authenticité y furent identifiés comme thèmes majeurs de ce qui serait bientôt qualifié de « Mobutisme ».

Le nationalisme impliquait la mise en place d'une politique d'indépendance économique.

Les descriptions de la révolution comme « une révolution nationale, essentiellement pragmatique, » c'est-à-dire « répudiant et le capitalisme et le communisme. » et « ni de droite, ni de gauche », devinrent rapidement des slogans légitimant le régime, en même temps que l' « authenticité ». Le concept d'authenticité fut dérivé de la doctrine professée par le MPR d'un « authentique nationalisme zaïrois et une condamnation du régionalisme et du tribalisme ». Mobutu la définissait comme « être conscient de sa propre personnalité et de sa propre valeur ».

L'authenticité donna à Mobutu sa principale originalité philosophique. N'impliquant pas le rejet de la modernité, l'authenticité devait être vue comme un effort pour réconcilier les aspirations des traditions culturelles zaïroises avec les exigences de la modernisation. La façon d'arriver à cette synthèse ne fut cependant pas explicitée. Ce qui ne faisait pas de doute en revanche, c'est que l'usage de ce concept d'authenticité était envisagé par Mobutu comme un moyen d'asseoir son autorité. Comme il le proclamait lui-même, « en nos traditions africaines, il n'y a jamais de place pour plusieurs chefs... Ce pourquoi nous, les Congolais, désirons nous conformer aux traditions du continent, et avons décidé de joindre l'énergie des citoyens de notre pays sous la bannière d'un seul parti national. »

Les détracteurs furent prompts à dénoncer les raccourcis et les explications douteuses pour la légitimation du régime, en particulier les soi-disant qualités inhérentes du parti et de son fondateur. Cependant, le centre de formation idéologique du MPR, l'Institut Makanda Kabobi, endossa sa tâche de formation et de propagande à travers le territoire, et propagea « les enseignements du Président-fondateur qui doivent être donnés et interprétés de la même façon à travers tout le pays ». Les membres du Bureau Politique du MPR furent ainsi sensibilisés à leur responsabilité de « garants du Mobutisme ».

À côté des mérites ou des défauts du mobutisme, le MPR forgea sa légitimité à partir des partis populaires qui firent leur apparition dès la fin des années 1950 à travers l'Afrique, un modèle qui fut aussi une source d'inspiration pour le MNC-Lumumba. C'était un héritage lumumbiste que le MPR essaya de s'approprier en son effort pour mobiliser la population « zaïroise » derrière le Président-fondateur. Étroitement liée avec la doctrine mobutiste, c'est la conception d'un parti unique qui devait régenter tous les secteurs d'activité de la nation.

Expansion autoritaire et centralisation du pouvoir

Traduire le concept « d'*une nation politiquement organisée* » dans la réalité impliquait une expansion du contrôle de l'État sur la société civile. Cela commençait par l'incorporation de la jeunesse et des travailleurs dans des organisations contrôlées par le MPR.

En juillet 1967, le Bureau politique annonça la création de la Jeunesse du Mouvement Populaire de la Révolution (JMPR), un mois après le lancement de l'Union Nationale des Travailleurs Zaïrois (UNTZA), qui mit ensemble sous une seule organisation trois syndicats de travailleurs pré-existants. Le but était, selon les termes du Manifeste de la Nsele, de transformer le rôle des syndicats de travailleurs de "force de confrontation" en "un organe de support à la politique gouvernementale," devenant ainsi "un lien de communication entre les classes populaires et l'État." De la même façon, la JMPR devait opérer un lien majeur entre les étudiants et l'État. En réalité, le gouvernement tentait de mettre sous sa coupe les secteurs les plus susceptibles de voir émerger une opposition au régime. En soumettant les dirigeants des travailleurs et de la jeunesse au Bureau politique du MPR, le régime espérait enrôler les forces syndicales et les étudiants dans la machinerie de l'État. Cependant, il fut remarqué par de nombreux observateurs qu'il n'y avait pas de preuves que la cooptation ait réussi à mobiliser un enthousiasme pour le régime au-delà d'un niveau superficiel.

Mobutu fut attentif à supprimer toute institution qui aurait pu favoriser les affinités ethniques. Résolument opposé à une mobilisation politique sur base de l'origine ethnique des personnes, il interdit nombre d'associations telles que l'*Association des Lulua Frères*, qui existait au Kasaï depuis 1953 en réaction à l'influence dans la région de l'ethnie rivale des Lubas, et *Liboke lya Bangala* (littéralement « paquet de Bangalas »), une association formée dans les années 1950 pour représenter les intérêts des locuteurs Lingala dans les grandes villes. Ceci permettait notamment d'éclipser l'origine ethnique de Mobutu lui-même. Les tensions ethniques réapparurent cependant à mesure que l'insatisfaction des congolais grandissait.

En parallèle avec les efforts visant à neutraliser toute source de pouvoir incontrôlée, d'importantes réformes administratives furent mises en place en 1967 et 1973 pour accroître l'emprise du pouvoir central sur les provinces. L'objectif principal de la réforme de 1967 fut l'abolition des gouvernements provinciaux, en les remplaçant par des fonctionnaires contrôlés par Kinshasa. Le principe de la centralisation fut ensuite étendu aux districts et aux territoires, avec un fonctionnaire dépendant de Kinshasa à leur tête. Les seules entités administratives qui ne tombèrent pas sous la coupe du gouvernement central furent les *collectivités*, les *chefferies* et les *secteurs* (comprenant plusieurs *chefferies*).

L'État unitaire et centralisé ressemblait de plus en plus à celui mis en place sous le Congo belge, excepté le fait qu'en 1972 les provinces prirent le nom de régions.

La poursuite du contrôle des secteurs-clé sociaux continua. Les associations de femmes furent mises sous contrôle du parti, de même que la presse, et en décembre 1971 Mobutu commença à amputer la puissance des Églises ; trois d'entre elles étaient reconnues à l'époque : l'Église du Christ au Zaïre (alors *Église du Christ au Congo* mais rebaptisée plus tard lorsque le pays changera de nom), l'Église kimbanguiste et l'Église catholique romaine.

Entre 1966 et 1971, de nombreux lieux furent aussi rebaptisés. Quelques-uns de ces changements de dénomination parmi les plus importants sont :

- *Léopoldville* devint Kinshasa
- *Stanleyville* devint Kisangani
- *Elisabethville* devint Lubumbashi
- *Jadotville* devint Likasi
- *Albertville* devint Kalemie
- *Luluabourg* devint Kananga

La nouvelle République du Zaïre

Mobutu en abacost en 1983.

Pour suivre cette voie et toujours en quête de légitimation (sous couvert d'authenticité) de la centralisation du régime (sous le couvert d'une uniformisation), le nom du pays fut changé en « **République du Zaïre** » en octobre 1971, et celui des forces armées en « *Forces armées zaïroises* » (FAZ). Cette décision était curieuse, dans la mesure où le nom *Congo*, qui se référait à la fois au fleuve Congo et à l'ancien Kongo, était lui-même fondamentalement « authentique » et pré-colonial, alors que « *Zaïre* » est un nom portugais adapté maladroitement d'un mot africain, *Nzadi* signifiant "fleuve" (ou de l'expression *Nzadi o Nzere*, « la rivière qui engloutit toutes les autres rivières, » autre désignation générique du fleuve Congo).

En 1972, le Général Mobutu devint *Mobutu Sese Seko* et obligea tous les citoyens à adopter des noms africains en lieu et place de noms européens ou chrétiens. Les standards d'habillement occidentaux furent aussi abandonnés au profit de l'abacost, par souci d'authenticité.

La nouvelle monnaie, le zaïre

Avant que le pays change de nom, une nouvelle monnaie avait été introduite en 1967, baptisée zaïre et destinée à remplacer le franc congolais post-colonial en tant que monnaie nationale.

- 100 makuta (singulier : likuta) valaient un zaïre.
- Le likuta était lui-même divisé en 100 sengi. Cette subdivision était cependant de peu de valeur, la plus petite pièce ayant eu une valeur de 10 sengi.

En définitive, il n'était pas rare de voir exprimées les valeurs monétaires avec trois zéros après la décimale, même après les importantes dévaluations intervenues plus tard.

Les grands travaux, autres symboles du nouveau régime

C'est aussi l'époque des grands travaux et du rapprochement avec la République populaire de Chine, qui viendra édifier dans le pays le Stade des Martyrs, le Palais du Peuple et le Pont Matadi. Le stade Tata Raphaël accueillera en 1974 l'un des matchs de boxe les plus mythiques, opposant Mohamed Ali à George Foreman. Les Palais de Marbre et de Gbadolite datent également de cette époque.

C'est aussi celle de divers "éléphants blancs", dont le barrage d'Inga et la sidérurgie de Maluku, et même un programme spatial. Le réacteur nucléaire de Kinshasa fut géré par les congolais seuls à partir de 1987.

La zaïrianisation forcée du régime

Cette période est aussi celle d'une « zaïrianisation » forcée de tous les anciens symboles non seulement de l'ancienne colonisation (les villes rebaptisées en noms africains, ainsi qu'un certain nombre d'institutions publiques et privées), mais les noms d'identité sont aussi changés de force, et le régime tente de gommer les différences ethniques en leur attribuant une identité commune mais entièrement nouvelle. Pourtant certaines pratiques issues de l'ancien État colonial seront remises en vigueur progressivement, leur changement de nom servant surtout d'alibi africanisé pour masquer leur réalité dans un régime fortement autoritaire et de plus en plus autocratique.

La nationalisation des universités de Kinshasa et de Kisangani, alliée avec l'insistance de Mobutu de supprimer les noms chrétiens et d'installer des sections de la Jeunesse du MPR dans tous les séminaires, amenèrent rapidement des tensions avec l'Église catholique romaine. Celles-ci continuèrent jusqu'en 1975, date à laquelle, à la suite de pressions du Vatican, le régime cessa ses attaques contre l'Église qui récupéra certaines de ses prérogatives en matière d'enseignement. Cependant, conformément à la loi de décembre 1973, qui autorisait l'État à dissoudre "toute église ou secte troublant ou susceptible de troubler l'ordre public, *des organisations non autorisées furent démantelées et leurs dirigeants jetés en prison.*

Avec la réforme de juin 1973, une étape supplémentaire fut franchie dans la direction d'une centralisation accrue. Le but en était de réaliser une fusion complète entre les structures administratives et politiques en faisant de chaque responsable politique le chef de la section correspondante du parti. Une autre conséquence fut que la réforme entrava sérieusement la puissance des autorités traditionnelles au niveau local. Les autorités traditionnelles héréditaires n'étant désormais plus reconnues, l'autorité échoyait aux seules autorités mises en place par Kinshasa et contrôlée par voie hiérarchique. Dès lors, le processus de centralisation avait formellement éradiqué toute forme d'autonomie locale préexistante.

L'analogie avec l'État colonial devint encore plus flagrante si l'on s'intéresse à l'introduction du "service civil obligatoire" en 1973 (connu aussi sous le nom du terme lingala de *Salongo*), et qui prenait la forme d'une après-midi par semaine pour des travaux d'intérêt général, généralement en agriculture ou en projets de développement. Officiellement présenté comme une tentative révolutionnaire de recouvrer les valeurs du communalisme et de la solidarité inhérentes aux sociétés traditionnelles, le Salongo avait pour objectif de mobiliser la population pour des travaux collectif d'intérêt général, *avec enthousiasme et sans contrainte*. Mais le Salongo était de fait un labeur forcé. Le manque d'enthousiasme de la population à l'égard du Salongo mena à de vives résistances et un manque de motivation dans son exécution, ce qui amena de nombreux administrateurs locaux à chercher d'autres moyens de remplir leur objectifs. Le fait de ne pas accomplir les prestations obligatoires pouvait occasionner de un à six mois de prison vers la fin des années 1970, et bien peu de zaïrois s'opposèrent au Salongo. En recréant un des aspects les plus détestés du régime colonial, le service civil obligatoire ne contribua nullement à endiguer l'érosion de la légitimité du pouvoir en place.

Cependant, une paix et une stabilité relatives prévalurent jusqu'en 1978, lorsque des rebelles katangais, basés en Angola, lancèrent une série d'attaques pour envahir le Shaba (Katanga). Ils furent évincés avec l'aide de paras commandos, belges et français, qui furent largués sur Kolwezi.

Au cours des années 1980, le Zaïre demeura un État contrôlé par un parti unique. Bien que Mobutu gardât le contrôle de la situation au cours de cette période, des partis d'opposition étaient actifs, dont le plus connu était Union pour la Démocratie et le Progrès Social. Les tentatives de Mobutu pour contrer ces partis lui attirèrent de nombreuses critiques.

Affaiblissement du pouvoir personnel et instauration du multipartisme

Avec la fin de la Guerre froide, les pressions intérieures et extérieures contre Mobutu s'accrurent. Entre fin 1989 et le début 1990, Mobutu se trouva affaibli par diverses contestations internes, des critiques grandissantes de la communauté internationale contre son régime et ses violations des droits de l'homme, son économie en déroute et la corruption de son gouvernement, et l'assujettissement du budget national aux fins personnelles de Mobutu

En mai 1990, Mobutu marqua son accord au multipartisme et au partage d'un pouvoir issu d'élections libre et à la promulgation d'une constitution. Alors que le processus commençait à s'enliser, des militaires déclenchèrent des pillages à Kinshasa en septembre 1991 pour protester contre le non-paiement de leurs soldes.

2 000 militaires belges et français furent envoyés, dont certains amenés par des avions américains, pour évacuer les 20 000 étrangers menacés à Kinshasa.

En 1992, après plusieurs tentatives infructueuses, la Conférence nationale souveraine tant attendue fut finalement mise en place, comprenant quelque 2 000 représentants répartis dans près de 200 partis politiques le plus souvent basés sur une origine ethnique. La Conférence se donna un mandat législatif et élut l'archevêque Laurent Monsengwo comme Président de l'assemblée, et Étienne Tshisekedi wa Mulumba, dirigeant de l'UDPS, Premier ministre. Les députés de cette conférence n'hésitent alors pas à critiquer ouvertement Mobutu, sa gestion économique catastrophique, son culte personnel... À la fin de l'année, Mobutu avait créé un gouvernement rival avec ses propres ministres et Premier ministre.

Retour aux conflits inter-ethniques et extension des conflits de pays voisins

Dès 1991, Mobutu commençait à soutenir Nguz et Kyungu. Un gouvernement de compromis fut finalement mis en place en 1994, intégrant des personnes des deux tendances sous le nom de Haut Conseil de la République-Parlement de Transition (HCR-PT). Mobutu en était le chef de l'État et Kengo Wa Dondo Premier Ministre. Bien que des élections présidentielle et législatives aient été prévues pour deux années plus tard, elles n'eurent jamais lieu.

En 1996, les tensions avec l'État voisin du Rwanda s'accentuèrent, avec le déplacement des affrontements sur le territoire du Zaïre (voir Histoire du Rwanda). Les milices Hutu rwandaises (Interahamwe), qui avaient fui au Zaïre à l'arrivée du gouvernement Tutsi, utilisaient les camps de réfugiés établis dans le Zaïre oriental comme base arrière pour des incursions au Rwanda. Ces milices Hutues se coalisèrent rapidement avec les Forces armées zaïroises (FAZ) pour lancer des attaques contre les Tutsis zaïrois. Ceux-ci ne tardèrent pas à s'organiser pour contrer ces attaques. Quand le gouvernement zaïrois commença à être impliqué dans des massacres en novembre 1996, les milices Tutsies entrèrent en rébellion ouverte contre Mobutu.

La milice Tutsi fut rapidement rejointe par divers groupes d'opposition, et soutenue par plusieurs pays, dont notoirement le Rwanda et l'Ouganda. Cette coalition, dirigée par Laurent-Désiré Kabila, prit le nom d'Alliance des Forces Démocratiques pour la Libération du Congo-Zaïre (AFDL). L'AFDL, dont l'ambition affichée désormais était la prise du pouvoir du pays, prit rapidement la direction de l'ouest, rencontrant peu de résistance, les premiers succès étant acquis début 1997. Des négociations intervinrent en mai 1997 entre Kabila et Mobutu, sous l'égide de Nelson Mandela, qui ne permirent pas à Mobutu de se maintenir au pouvoir. L'AFDL entra à Kinshasa le 17 mai. Kabila s'autoproclama président, transforma l'AFDL de force militaire en organe de gestion du pouvoir et rendit au pays son nom de « République démocratique du Congo. »

Chapitre 8

Zaïrianisation

La **zaïrianisation** (appelé aussi « zaïrisation ») est le mouvement politique créé par Mobutu Sese Seko en République du Zaïre (actuelle République démocratique du Congo) au cours des années 1970, consistant à revenir à une authenticité africaine des toponymes et des patronymes, en supprimant tout ce qui était à consonance occidentale.

Principes de la zaïrianisation

Prémices

Le 27 octobre 1971, le président Mobutu annonce le *recours à l'authenticité*, une série de mesures pour se détacher de tout ce qui peut rappeler l'Occident et sa domination[1].

Le pays est renommé « République du Zaïre ». Le maréchal Joseph Mobutu devint Mobutu Sese Seko Kuku Ngbendu wa Zabanga, et oblige tous ses concitoyens à adopter des noms africains (suppression des prénoms chrétiens et occidentaux, et rajout d'un « postnom »). L'abacost est promulgué. Une nouvelle monnaie — le zaïre divisé en 100 makuta (singulier likuta) — remplace le franc congolais. De nombreuses villes sont rebaptisées. Les monuments coloniaux sont retirés.

Zaïrianisation

Réalisée dans le courant de l'année 1974, la « zaïrianisation » a constitué l'un des évènements des plus importants de la politique menée par le régime mobutiste, à savoir la nationalisation progressive des biens commerciaux et des propriétés foncières qui appartenaient à des ressortissants ou groupes financiers étrangers. En fait, Il s'agissait de la procédure d'expropriation. Et pour avoir une adhésion de masse de son peuple à ce projet, Mobutu annonça à la population que celle-ci était sans contrepartie financière, appelée aussi "confiscation". Cette compensation financière à l'égard des différents propriétaires étrangers a constitué une part importante de la dette de l'Etat. En réalité, si cette mesure s'inscrivait officiellement dans un effort visant à la réappropriation nationale de l'économie ainsi qu'à la redistribution des richesses acquises pendant la colonisation, elle a constitué surtout un échec.

Structures économiques

Après la première guerre du Congo, Mobutu, nouveau chef d'État s'est engagé à regagner la confiance des milieux d'affaires étrangers. En 1966, les puissantes industries minières du Kasaï et du Katanga ont été nationalisées. C'est alors l'âge d'or du Congo, maintenant indépendant : en 1967 1 franc congolais vaut alors 2 dollars américains, les écoles publiques se développent et l'exode rural s'accélère ; les prix du café, du cuivre ou d'autres minerais sont florissants mais l'économie du pays est encore, comme à l'époque coloniale, trop tournée vers l'exportation et donc fragile.

À partir de 1973, le pays est touché par une crise économique aiguë, due à la baisse des prix du cuivre et à l'augmentation de ceux du pétrole. La corruption se généralise et l'inflation devient galopante, tandis que Mobutu privatise de nombreuses entreprises à son nom ou aux noms de ses proches (zaïrianisation)[2]. Le pays produit d'importante quantité de café pour l'exportation mais ne couvre pas ses besoins alimentaires, Mobutu fait importer des céréales et de la viande d'Afrique du Sud et de Rhodésie (deux régimes ségrégationnistes) au lieu de moderniser l'agriculture du pays qui, vu son climat, pourrait facilement subvenir à ses besoins.

De manière générale, les nouveaux propriétaires de biens économiques et financiers n'étaient pas suffisamment préparés pour assurer une gestion de moyen et de long terme de l'outil de production. Ceux qui n'ont pas fait faillite ont placé d'immenses investissements en Occident. Mobutu détourne les devises d'État de telle façon qu'en 1984, il est un des hommes les plus riches de la planète avec 4 milliards de dollars, l'équivalent de la dette extérieure du pays. La dette s'accroît encore plus avec la construction pharaonique du barrage hydroélectrique d'Inga, chantier légué par la Belgique coloniale et dont le Zaïre n'avait pas besoin. Si le barrage d'Inga a rapporté de l'argent aux entreprises françaises (EDF) ou italiennes celui-ci, tout comme l'aciérie de Maluku a vite été abîmé[3,4]. Cette politique nationaliste du régime eu aussi pour conséquence de freiner les investissements étrangers au Zaïre, favorisant in fine une forme de monopole d'entrée de capitaux étrangers dans le chef des différents fonds de coopération au développement.

La dictature, les persécutions et la paupérisation font fuir les cerveaux en Occident (Belgique et France en tête).

Structures politiques

La mise à disposition de fonds commerciaux et de patrimoines économiques a également constitué un relais du clientélisme entretenu par le pouvoir. Le clan entourant le chef de l'État a ainsi pu bénéficier des fruits de la politique de nationalisation, tout comme ceux qui dans les différentes régions du pays, faisaient allégeance au régime en échange d'un commerce ou d'une propriété foncière. De nombreux pays occidentaux ont signé des conventions avec le Zaïre afin de procéder à l'indemnisation des parties spoliées, mais dans la très grande majorité des cas, ces accords n'ont jamais été appliqués.

Noms zaïrianisés

Nom colonial	Nom actuel	Nom colonial	Nom actuel
Aketi Port-Chaltin	Aketi	Léopoldville	Kinshasa
Alberta	Ebonda	Leverville	Lusanga
Albertville	Kalemie	Luluabourg	Kananga
Bakwanga	Mbuji-Mayi	Mérode	Tshilundu
Banningville	Bandundu	Moerbeke	Kwilu-

Banzyville	Mobayi-Mbongo		Ngongo
Baudoinville	Moba	Mont Stanley	Mont Ngaliema
Brabanta	Mapangu	Nouvelle-Anvers	Makanza
Bomokandi	Bambili	Paulis	Isiro
Cattier	Lufu-Toto	Ponthierville	Ubundu
Charlesville	Djokupunda	Port Francqui	Ilebo
Cocquilhatville	Mbandaka	Renkin	Matonge

Constermansville	Bukavu	Saint-Jean	Lingwala
Élisabetha	Lukutu	Stanley	Makiso
Élisabethville	Lubumbashi	Stanley Pool	Pool Malebo
Flandria	Boteka	Sentery	Lubao
Jadotville	Likasi	Stanleyville	Kisangani
Kalina	Gombe	Thysville	Mbanza-Ngungu
Kilomines	Bambumines	Vista	Nsia Mfumu

Wolter	Luila

Chapitre 9

Première guerre du Congo

Camp de réfugiés rwandais à l'Est du Zaïre, 1994

La **première guerre du Congo** est un conflit intervenu de fin 1996 à 1997, au terme duquel le président zaïrois Mobutu Sese Seko fut chassé du pouvoir par des troupes rebelles soutenues par des États étrangers, essentiellement le Rwanda et l'Ouganda. Le chef rebelle Laurent-Désiré Kabila se proclama président et changea le nom du pays en République démocratique du Congo. La guerre posa les jalons de la Deuxième guerre du Congo qui s'ensuivit rapidement et se traduisit par le début des massacres pour la population.

Origines

Mobutu dirigea le Zaïre à partir de 1965 avec l'aide des États-Unis, qui le considéraient comme un rempart contre les leaders communistes d'une part et nationalistes d'autre part tel le nationaliste et non communiste Patrice Lumumba, que Mobutu assassina en 1961.

Au début des années 1990, le discours de La Baule, la perestroïka et la chute du mur de Berlin, une vague de démocratisation gagna l'Afrique. Il y avait d'importantes pressions internes et externes pour une telle démocratisation au Zaïre, et Mobutu promit des réformes. Il abolit officiellement le régime du parti unique en vigueur depuis 1967, mais se montra peu enclin à mettre en œuvre les réformes promises, s'aliénant nombre de ses alliés traditionnels, au Zaïre comme à l'extérieur.

Il y avait une longue tradition de révoltes contre le pouvoir de Mobutu. L'opposition était notamment le fait d'hommes de gauche, se revendiquant de l'héritage de Patrice Lumumba, et de personnalités issues de diverses minorités ethniques et régionales opposées à la mainmise de Kinshasa sur le reste du pays. Kabila était l'un d'eux. Il était aussi par ailleurs originaire du Katanga, province traditionnellement opposée au gouvernement de Mobutu.

Le maréchal Mobutu, président du Zaïre jusqu'en 1997

Le génocide au Rwanda déclencha l'exode d'environ 2 millions de réfugiés rwandais, principalement Hutus, après que le Front Patriotique Rwandais se fut emparé du pouvoir en juillet 1994. Parmi les réfugiés se trouvaient des membres des milices Interahamwe ; groupes militaires qui prirent part au génocide. L'armée patriotique rwandaise lance plusieurs expéditions sur des camps de réfugiés notamment à Birava où on dénombre des massacres de centaines de réfugiés. Mobutu se rendant compte que ces attaques pourraient aboutir à une exportation du conflit rwandais sur son territoire, décide de renvoyer de force les réfugiés chez eux. Des milliers de réfugiés sont rapatriés et la majorité est soit tuée soit emprisonnée directement à l'arrivée au Rwanda.

Au-delà d'une volonté d'exterminer les réfugiés qui constituaient une menace pour le régime rwandais, le FPR avaient contracté des crédits colossaux pendant ses années de rébellion qu'il fallait rembourser. Il fallait une source de fonds à la hauteur pour rembourser ses crédits. Ainsi l'agression du Congo fut motivée par le pillage.

Déroulement de la guerre

En 1996, le vice-gouverneur de la province du Sud-Kivu ordonna aux Banyamulenge de quitter le Zaïre sous peine de mort. Ces derniers se rebellèrent et s'allièrent aux opposants à Mobutu pour former l'Alliance des Forces démocratiques pour la Libération du Zaïre (AFDL). L'AFDL bénéficia du soutien des chefs d'État de la région des Grands Lacs, en particulier de Paul Kagame, président du Rwanda, et de Yoweri Museveni, président de l'Ouganda. Devant l'inaction des alliés traditionnels de Mobutu, de nombreux membres de l'armée zaïroises rejoignirent les troupes de Laurent-Désiré Kabila au cours de leur marche des frontières orientales du pays vers Kinshasa, où ils entrèrent le 17 mai. La résistance s'effondra face à eux, et Mobutu quitta le pays pour le Maroc où il mourut peu après. Kabila prit officiellement le pouvoir le 20 mai 1997, et rebaptisa le Zaïre République démocratique du Congo.

Massacres des réfugiés Hutus

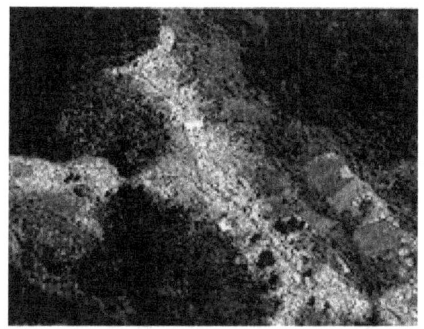

Camp de réfugiés de Mihanda au Zaïre, 1996

La progression des forces de l'AFDL, aidées par l'Armée patriotique rwandaise, se traduisit par de nombreux massacres et exactions à l'encontre des réfugiés Hutus. En 1997, une mission de l'ONU conduite par Roberto Garretón, déclare le 11 juillet 1997 que les massacres des réfugiés semblent mériter la qualification de « crime contre l'humanité » et même peut-être de « génocide »[3], cependant, ses conclusions sont gênées par l'obstruction de l'AFDL à l'enquête de la mission onusienne[4].

Le 8 octobre 1997, Human Rights Watch et la Fédération internationale des droits de l'homme affirment détenir « la preuve matérielle irréfutable » de massacres perpétrés dans l'est de l'ex-Zaïre par l'AFDL de Kabila et le FPR-APR, alliés rwandais[5].

Une seconde enquête de l'ONU, menée par la Commission des droits de l'homme des Nations unies, a rendu un rapport en juillet 1997, afin de se prononcer sur la qualification de génocide. La question n'est pas tranchée, mais parmi les méthodes de l'AFDL, le rapport mentionne notamment: « les massacres délibérés et prémédités, la dispersion des réfugiés dans des zones inaccessibles et inhospitalières, le blocage systématique de l'aide humanitaire, le refus obstiné opposé jusqu'ici à toute tentative de mener une enquête impartiale et objective sur les très graves allégations reçues, sont autant d'éléments particulièrement troublants. » Il est également noté que des massacres sont également imputables aux autres belligérants, mais de manière bien moindre: « ces violations du droit international humanitaire auraient été principalement commises par l'AFDL, les Banyamulenges et leurs alliés (68,02 % des allégations reçues). En outre, elles auraient également été commises par les FAZ (16,75 % des allégations reçues), par les ex FAR et les Interahamwe (9,64 % des allégations reçues), par l'APR (2,03 % des allégations reçues), par les FAB (2,03 % des allégations reçues) et par des mercenaires (1,52 % des allégations reçues) qui luttaient aux côtés de Kinshasa[6]. »

En novembre 1998, Laurent-Désiré Kabila reconnait l'existence de massacres, mais en attribue la paternité à son allié de l'époque, le Rwanda de Paul Kagame[7].

Cette accusation envers les autorités rwandaises du FPR a été reprise par Rony Brauman, Stephen Smith et Claudine Vidal (africaniste chargée de recherche au CNRS) coauteurs en 2000 d'un article selon lequel « au Congo-Kinshasa, le FPR a non seulement démantelé *manu militari* des camps d'exilés hutus, qui constituaient effectivement une menace existentielle, mais il a aussi persécuté, sur deux mille kilomètres à travers la forêt équatoriale, des civils dont près de 200 000 ont péri, victimes d'inanition, de maladies ou des « unités spéciales » lancées à leur poursuite depuis Kigali[8]. »

Épilogue

Une fois Kabila installé au pouvoir, la situation changea dramatiquement. Kabila devint rapidement aussi suspect de corruption et d'autoritarisme que son prédécesseur. Nombre des forces pro-démocrates l'abandonnèrent et il s'attela à un vigoureux effort de centralisation, ce qui alimenta le conflit avec les minorités de l'Est, qui réclamaient davantage d'autonomie. En août 1998, tous les membres d'origine Tutsi se retirèrent du gouvernement lorsque Kabila demanda aux mercenaires rwandais et ougandais de rentrer chez eux. En effet, l'alliance de Kabila avec les Rwandais pour un contrôle militaire et politique le faisait déjà appeler "marionnette de Kigali" par les forces pro-démocratiques congolaises. Ceci poussa Kabila à se retourner contre ses ex-alliés rwandais. C'est dans ce contexte qu'éclata la deuxième guerre du Congo.

Principaux groupes armés

République démocratique du Congo

- Alliance des Forces démocratiques pour la Libération du Congo (AFDL) : L'alliance soutenue par le Rwanda et l'Ouganda qui évinça le Président Mobutu Sese Seko et porta Laurent-Désiré Kabila au pouvoir.
- Banyamulenge : groupe ethnique Tutsi habitant le Nord. Cette dénomination s'est étendue à tort, sur les Tutsi du Nord-Kivu qui occupent l'espace de l'ancien Rwanda d'avant l'existence du Congo (conférence de BERLIN, 1885)
- Forces armées zaïroises (FAZ): armée nationale sous le régime de Mobutu

Burundi

- Conseil national pour la défense de la démocratie-Forces pour la défense de la démocratie (CNDD-FDD) : groupe rebelle généralement connus sont l'appellation FDD.
- Forces armées burundaises (FAB) : armée nationale brurundaise dominée par l'ethnie Tutsi, coopérant avec le RCD et le RDF.

- Front de libération nationale (FLN ou FROLINA) : milice Hutue dirigée par Joseph Kalumba

Rwanda

- Armée de libération du Rwanda (ALiR) : l'organisation Hutu qui succéda aux Interahamwe, basée au Kivu, avec un recrutement de Hutus congolais. Se fondit dans le FDLR en septembre 2000.
- Interahamwe : organisation rwandaise Hutue anti-Tutsi responsable à l'origine du génocide rwandais, désormais établie dans le Congo oriental
- Rassemblement démocratique pour le Rwanda : l'organisation Hutu qui succéda aux Interhamwe au Congo, qui deviendra l'ALiR, puis les FDLR
- Armée patriotique rwandaise (APR) : armée nationale rwandaise. Changea de nom en Forces rwandaises de défense (FRD) en juin 2002
- Front patriotique rwandais (FPR) : branche politique des exilés Tutsi et des Hutu modérés basé en Ouganda, et dirigé par Paul Kagame, qui évinça les génocidaires en 1994. Devenu le parti au pouvoir actuellement au Rwanda.

Ouganda

- Allied Democratic Forces (ADF) : groupe rebelle actif dans l'ouest de l'Ouganda, avec des bases arrières en République démocratique du Congo. Peu actif en 2004.
- National Army for the Liberation of Uganda (NALU): groupe rebelle basé près de la frontière avec la République démocratique du Congo, issu de l'ADF en 1996
- Uganda Peoples Defense Force (UPDF) : armée nationale de l'Ouganda

Chapitre 10

Liste des gouvernements de la République démocratique du Congo

Gouvernement	Premier ministre ou équivalent	Appartenance politique	Début du mandat	Fin du mandat
Première République (1960-1965)				
Présidence de Joseph Kasa-Vubu (1960-1965)				
Gouvernement Lumumba	Patrice Lumumba	MNC	30 juin 1960	12 septembre 1960
Gouvernement Iléo	Joseph Iléo	MNC-Kalonji	12 septembre 1960	19 septembre 1960

		Conscience africaine		
Collège des commissaires généraux	Justin Bomboko	UNIMO	19 septembre 1960	9 février 1961
Gouvernement Iléo II	Joseph Iléo	MNC-Kalonji Conscience africaine	9 février 1961	2 août 1961
Gouvernement Adoula	Cyrille Adoula	-	2 août 1961	10 juillet 1964
• Remanieme			11 juillet 1962	18 avril 1963

nt				
• Remaniement			18 avril 1963	10 juillet 1964
Gouvernement Tshombe	Moïse Tshombe	CONAKAT	10 juillet 1964	18 octobre 1965
Gouvernement Kimba	Évariste Kimba	BALUBAKAT	18 octobre 1965	28 novembre 1965
Deuxième République (1965-1997)				
Présidence de Joseph-Désiré Mobutu (1965-1997)				
Gouvernement Mulamba	Léonard Mulamba	-	28 novembre 1965	25 octobre 1966
Conseil exécutif	-	-	25 octobre 1966	17 décembre 1966
• Remaniement			17 décembre 1966	5 octobre 1967
• R			5 octob	16 août

emaniement			re 1967	1968
▪ Remaniement			16 août 1968	5 mars 1969
▪ Remaniement			5 mars 1969	1er août 1969
▪ Remaniement			11 juillet 1962	18 avril 1963
▪ Remaniement			11 juillet 1962	18 avril 1963
Conseil exécutif	Mpinga Kasenda	MPR	6 juillet 1977	6 mars 1979
Conseil exécutif	Bo-Boliko Lokonga Mihambo	MPR	6 mars 1979	27 août 1980

Conseil exécutif	Jean Nguza Karl-I-Bond	M PR	27 août 1980	23 avril 1981
Conseil exécutif	Joseph Untube N'singa Udjuu	M PR	23 avril 1981	5 novembre 1982
Conseil exécutif	Kengo Wa Dondo	M PR	5 novembre 1982	31 octobre 1986
Conseil exécutif	-	-	31 octobre 1986	27 janvier 1987
Conseil exécutif	Mabi Mulumba	M PR	27 janvier 1987	7 mars 1988
Conseil exécutif	Sambwa Pida Nbangui	M PR	7 mars 1988	26 novembre 1988
Conseil exécutif	Kengo wa Dondo	M PR	26 novembre 1988	4 mai 1990
Gouvernement Lunda Bululu	Vincent de Paul Lunda Bululu	M PR	4 mai 1990	1er avril 1991

Gouvernement Lukji	Mulumba Lukoji	MPR	1er avril 1991	29 septembre 1991
Gouvernement Tshisekedi I	Étienne Tshisekedi	UDPS	29 septembre 1991	1er novembre 1991
Gouvernement Mungul Diaka	Bernardin Mungul Diaka	RDR	1er novembre 1991	25 novembre 1991
Gouvernement Karl-I-Bond	Jean Nguza Karl-I-Bond	UFERI	25 novembre 1991	15 août 1992
Gouvernement Tshisekedi II	Étienne Tshisekedi	UDPS	15 août 1992	18 mars 1993
Gouvernement Birindwa	Faustin Birindwa	UDPS	18 mars 1993	14 janvier 1994
-	-	-	14 janvier 1994	6 juillet 1994
Gouvernement	Kengo Wa Dondo	UDI	6 juillet 1994	26 février 1996

Kengo				
• Remaniement			26 février 1996	24 décembre 1996
• Remaniement			24 décembre 1996	2 avril 1997
Gouvernement Tshisekedi III	Étienne Tshisekedi	UDPS	2 avril 1997	9 avril 1997
Gouvernement de Salut National	Norbert Likulia Bolongo	-	9 avril 1997	19 mai 1997

Gouvernement de Salut Public (1997-2003)

Présidence de Laurent-Désiré Kabila (1997-2001)

Gouvernement de Salut Public	-	-	22 mai 1997	8 juin 1997
• Remaniement			8 juin 1997	juillet 1997

nt				
▪ Remaniement			juillet 1997	4 janvier 1998
▪ Remaniement			4 janvier 1998	15 mars 1999
▪ Remaniement			15 mars 1999	janvier 2001
Présidence de Joseph Kabila (2001-2003)				
Gouvernement de Salut Public	-	-	janvier 2001	30 juin 2003

Gouvernement de Transition (2003-2006)

Présidence de Joseph Kabila (2003-2006)

Gouvernement de Transitio	Jean-Pierre Bemba Azarias	MLC RCD PPRD	30 juin 2003	11 juillet 2004

n[1]	Ruberwa Abdoulaye Yerodia Arthur Z'ahidi Ngoma	Opposition démocratique		
▪ Remaniement[2]			11 juillet 2004	3 janvier 2005
▪ Remaniement[3]			3 janvier 2005	17 février 2005
▪ Remaniement[4]			17 février 2005	18 novembre 2005
▪ Remaniement[5]			18 novembre 2005	24 mars 2006
▪ Remaniement			24 mars 2006	10 octobre 2006

• Remaniement			10 octobre 2006	6 décembre 2006

Troisième République (2006- -)

Présidence de Joseph Kabila (2006- -)

Gouvernement Gizenga	Antoine Gizenga	AMP/PALU	5 février 2007	27 novembre 2007
• Remaniement			27 novembre 2007	26 octobre 2008
Gouvernement Muzito	Adolphe Muzito	AMP/PALU	26 octobre 2008	19 février 2010
• Remaniement			19 février 2010	11 septembre 2011
• Remaniement			11 septembre 2011	6 avril 2012

| Gouvernement Matata | Augustin Matata Ponyo | PPRD | 28 avril 2012 | 7 décembre 2014 |
| Remaniement | Augustin Matata Ponyo | PPRD | 7 décembre 2014 | - |

Chapitre 11

Deuxième guerre du Congo

Cimetière mémorial de la Guerre des Six Jours de 2000

La **deuxième guerre du Congo** est un conflit armé qui eut lieu au sein du territoire de la République démocratique du Congo (RDC, anciennement Zaïre) qui débuta en 1998 et se termina officiellement en 2002, avec une fin formelle le 30 juin 2003. Elle impliqua neuf pays africains, et une trentaine de groupes armés, ce qui en fait la plus grande guerre entre États dans l'histoire de l'Afrique contemporaine.

C'est pourquoi elle est aussi surnommée la « **grande guerre d'Afrique/africaine** » ou encore la « **(première) guerre mondiale africaine** »[2,3,4]. Elle est aussi nommée « **deuxième guerre de libération nationale** »[4].

Ce conflit a engendré de nombreux viols et massacres et entraîné, selon les sources, le décès de 183 000 personnes selon des démographes européens[5] à environ 4 à 4,5 millions de personnes principalement de famine et de maladies selon un rapport de l'International Rescue Committee. Des millions d'autres ont été déplacées de leurs terres ou ont trouvé asile dans les pays voisins. Malgré diverses initiatives et accords de paix qui ont conduit à la fin officielle de la guerre depuis 2002, et la mise en place d'un gouvernement de transition depuis le 30 juin 2003, la paix reste fragile.

De nombreux groupes militaires restent mobilisés, et des combats continuent en 2007 dans l'est du pays, essentiellement au Nord-Kivu (voir Guerre du Kivu). La population civile continue à payer un lourd tribut aux milices, notamment aux milices hutu composées de ressortissants rwandais s'étant échappés en RDC après avoir participé au génocide au Rwanda, qui se rendent coupables de nombreux crimes[6] ainsi qu'aux milices tutsi du CNDP.

Origines de la deuxième guerre du Congo

Le conflit en République démocratique du Congo trouve ses origines dans le génocide au Rwanda de 1994, et les événements liés au Burundi, qui virent des centaines de milliers de personnes d'origine ethnique Hutu fuir ces deux pays pour l'est du Zaïre.

Deux interprétations s'opposent quant aux raisons de la présence rwandaise dans la partie orientale du Zaïre et quant aux raisons pour ce pays d'entrer en guerre aux côtés de l'Ouganda.

Selon le gouvernement de Kigali et d'autres sources[réf. nécessaire], les camps de réfugiés qui en résultèrent furent rapidement contrôlés par les milices hutu Interahamwe, auxquelles appartenaient nombre de génocidaires, aidés par les membres hutu de l'ancienne armée rwandaise, et ils auraient envisagé une invasion.

Selon d'autres acteurs, la présence des troupes rwandaises en RDC est due à la volonté de piller la RDC. Ce point de vue s'appuie notamment sur un rapport de l'ONU demandé par le Conseil de sécurité qui avance à partir des interviews menées par le groupe d'experts que l'armée rwandaise est restée essentiellement pour *se procurer des biens*. Le rapport décrit également la stratégie de tous les groupes armés présents pour piller les ressources du sous-sol à leur profit, dans un contexte de massacres et de viols[7].

La nouvelle armée rwandaise, l'Armée patriotique rwandaise (APR), dominée par les Tutsi protesta contre la violation de son intégrité territoriale, et commença à armer les Tutsi Banyamulenge de l'Est du Zaïre. Cette intervention fut dénoncée par le gouvernement du Zaïre du président Mobutu Sese Seko. Mobutu avait le soutien des États-Unis, car il était considéré comme un important rempart contre le communisme en Afrique subsaharienne. Cependant, avec la fin de la guerre froide, les deux superpuissances s'étaient progressivement désengagées de l'Afrique subsaharienne. Quand les États-Unis retirèrent leur soutien traditionnel à Mobutu, les rebelles et les États concurrents y virent une occasion de l'évincer du pouvoir. Le Rwanda et l'Ouganda commencèrent à livrer des armes et des fonds à l'Alliance des Forces Démocratiques pour la Libération du Congo (AFDL) de Laurent-Désiré Kabila.

Changement d'alliance

Quand Laurent-Désiré Kabila prit le contrôle de la capitale en mai 1997, il dut faire face à de nombreux obstacles pour gouverner le pays qu'il renomma « République démocratique du Congo » (RDC). En coulisse, de nombreux groupes tentaient de s'accaparer des parcelles de pouvoir, notamment les débiteurs étrangers, désireux de garder leur influence. Par ailleurs, la présence ostensible des Rwandais dans la capitale irrita les Congolais, qui commençaient à voir Kabila comme le jouet de puissances étrangères.[réf. nécessaire]

Les tensions atteignirent de nouveaux sommets le 14 juillet 1998, quand Kabila fit démissionner son chef de cabinet rwandais, James Kabarebe, et le remplaça par un Congolais. Il semble que Kabila sentit avoir suffisamment assuré son assise congolaise, pour mettre quelque distance avec les nations qui lui avaient permis son accession au pouvoir.

Deux semaines plus tard, Kabila abandonna ces démarches diplomatiques. Il remercia le Rwanda pour son aide, et demanda le retrait du pays des forces militaires rwandaises et ougandaises. Les conseillers militaires rwandais furent évacués de Kinshasa avec peu de ménagement dans les 24 heures. À Kinshasa, après une campagne médiatique anti-tutsi mise en place par les autorités, des centaines de Tutsis sont lynchés[8].

Les personnes les plus inquiètes de cette décision étaient les Banyamulenge du Congo oriental. Ils étaient également utilisés par le Rwanda pour influer sur la politique orientale de la RDC.[réf. nécessaire] La tension persistante avec leurs voisins Hutus avait été l'un des facteurs déclenchants de la Première guerre du Congo et sera une nouvelle fois à l'origine de ce conflit.

Factions dans le conflit du Congo

Les nombreux groupes armés peuvent être rangés en quatre composantes principales. À cause de la nature ouverte de cette guerre, ces catégorisations sont sujettes à caution, les alliances ou les scissions ayant été nombreuses, les intérêts contradictoires et évoluant. D'autre part les catégories "hutu" et "tutsi" sont des facilités de catégorisations ethnistes issues de la colonisation, largement utilisées dans les médias et par les propagandes politiques.

Forces tutsi
incluant les armées nationales des gouvernements dominés par les Tutsi au Rwanda et au Burundi, les milices créées par les populations tutsi banyamulenge de *RDC* et les forces du Rassemblement congolais pour la Démocratie basées à Goma, proches des Banyamulenge. Ces groupes tutsi sont essentiellement actifs au Nord et au Sud-Kivu, et en d'autres territoires centraux en direction de Kinshasa. Leurs buts sont de garantir la sécurité nationale du Rwanda et du Burundi (le Congo-Kinshasa refusant d'arrêter les anciens génocidaires hutu réfugiés sur son territoire), de protéger les Tutsis présents en République démocratique du Congo (RDC), de limiter l'influence grandissante de l'Ouganda dans la région, et enfin de faire mainmise sur les ressources naturelles du territoire de la RDC.

Forces hutu
incluant les Hutu rwandais responsables du génocide de 1994, les rebelles burundais cherchant à renverser leur gouvernement, les Hutus congolais et les milices Mai-

Mai associées. Le principal groupe hutu sont les Forces démocratiques de libération du Rwanda (*FDLR*), opérant dans le Kivu. Ses objectifs sont d'expulser les forces tutsies étrangères et les Banyamulenge, et de renverser les gouvernements tutsi au pouvoir au Rwanda et au Burundi, par ailleurs le contrôle des ressources naturelles est ici aussi déterminant.

Forces alignées sur l'Ouganda

incluant l'armée ougandaise et différents groupes rebelles soutenus par l'Ouganda, tels le Mouvement de Libération du Congo (*MLC*), qui contrôle essentiellement le nord de la République démocratique du Congo. Elles souhaitent sécuriser les frontières de l'Ouganda, empêcher l'émergence d'un état congolais fort, limiter l'influence du Rwanda dans la région, et bénéficier elles aussi des ressources naturelles congolaises.

Forces alignées sur Kinshasa

incluant l'Armée congolaise nationale, différents groupes nationalistes Mai-Mai, et des nations alliées telles le Zimbabwe, l'Angola, le Tchad et la Namibie. Ils contrôlent l'ouest et le sud de la République démocratique du Congo. Leur but premier est la restauration de l'unité nationale, avec un contrôle sur les territoires et frontières, et la maîtrise des ressources naturelles.

La violence « ethnique » entre forces hutu et tutsi a été régulièrement au centre du conflit, avec une peur mutuelle d'élimination de son groupe. Les forces hutu et le gouvernement de Kinshasa ont établi des relations d'alliance et de proximité, leur intérêt commun étant l'expulsion des armées régulières et des groupes associés de l'Ouganda et du Rwanda. Alors que les forces de l'Ouganda et du Rwanda travaillaient ensemble pour la conquête de territoires aux dépens de Kinshasa, la compétition pour les ressources naturelles créa une fissure dans leur coalition. L'Ouganda permettrait à Kinshasa d'envoyer des armes au FDLR hutu *via* le territoire tenu par les alliés de l'Ouganda et l'Ouganda lui-même, les hutu et le gouvernement de Kinshasa cherchant tous, à des degrés divers, à contrôler l'influence du Rwanda et de ses alliés.

Nature du conflit

Cette guerre n'a pas été une guerre de grandes batailles et de lignes de fronts clairement définies. Si de nombreuses troupes régulières et entraînées ont été impliquées, les dirigeants de ces nations ont été réticents à impliquer leurs propres troupes en des combats ouverts. Les équipements et l'entraînement de ces armées nationales représentant un investissement important pour des États pauvres. La vaste zone du Congo fragmenta les groupes armés, et dès lors les unités régulières ont essentiellement été stationnées autour de points stratégiques, tels les ports et aéroports, les routes importantes, plutôt qu'en des zones de combat.

Ainsi, la guerre a essentiellement été le fait de groupes militaires peu organisés. Ces troupes peu entraînées et peu disciplinées ont été à l'origine de fréquents crimes de guerre. La paix est d'autant plus difficile à établir que ces milices continuent leurs exactions, en dépit des cessez-le-feu décrétés par leurs supérieurs.

L'essentiel du conflit s'est focalisé sur le contrôle des ressources naturelles du Congo. Les États des Grands Lacs ont payé leurs dépenses militaires en exploitant les minéraux, diamants et bois rares du Congo oriental. Les forces d'occupation ont levé d'importantes taxes sur la population et l'économie locale, et réquisitionné les stocks de vivres de la région.

Une compétition pour le contrôle des ressources entre les forces anti-Kabila est aussi apparue dans le conflit. En 1999, les troupes ougandaises et rwandaises s'affrontèrent dans la ville de Kisangani. Le RCD se scinda en deux factions, affaiblissant la coalition anti-Kabila et limitant désormais ses opérations à la partie orientale de la RDC.

Le déroulement de la guerre

L'offensive rebelle initiale menaça le gouvernement Kabila pendant quelques semaines, qui ne fut sauvé que par l'intervention rapide de plusieurs autres États africains. Un moment, il sembla que l'on se dirigeait vers une guerre conventionnelle ouverte entre plusieurs nations sur le territoire de la RDC. Une telle issue fut évitée au moment où la ligne de front se stabilisa en 1999. Dès lors, le conflit fut le fait de forces militaires irrégulières, avec peu de modifications dans les territoires tenus par les uns et les autres.

Les rebelles attaquent Kinshasa

Le 2 août 1998, les troupes de Banyamulenge basées à Goma se mutinèrent. Le Rwanda apporta une assistance immédiate aux Banyamulenge, et au début août, un groupe armé et organisé était constitué, le Rassemblement congolais pour la Démocratie (RCD), composé en premier de Banyamulenge et soutenu par le Rwanda et l'Ouganda. Ce groupe prit rapidement le contrôle des ressources minérales des provinces orientales du pays, et prit pour centre de ses opérations la ville de Goma. Le RCD prit également le contrôle des villes de Bukavu et Uvira au Kivu. Le gouvernement rwandais, constitué de Tutsis et allié avec l'Ouganda, et avec la bienveillance du Burundi, occupa une portion du nord-est du Congo. Pour contrer ces nouveaux occupants, le président Kabila en appela à l'aide des Hutus militant dans le Congo oriental et commença à monter les populations contre les Tutsis, ce qui occasionna de nombreux lynchages dans les rues de Kinshasa, le plus souvent par supplice du pneu. Le 12 août, un major loyal au gouvernement de Kinshasa lança un appel à la résistance sur une radio de Bunia[9].

Le gouvernement rwandais réclama par ailleurs une part significative de l'est du Congo, considérée comme « historiquement rwandais ». Les Rwandais prétendirent également que Kabila planifiait un génocide contre les Tutsis dans la région du Kivu. L'importance selon laquelle l'intervention du Rwanda était motivée par la protection les Banyamulenge, opposée à l'idée de les utiliser comme prétexte à des aspirations, pose toujours question. En un mouvement de contournement, les rebelles du RCD s'emparèrent d'un avion de ligne et atterrirent à la base gouvernementale sur la base de Kitona sur la côte Atlantique, où ils furent rejoints par des troupes gouvernementales mutinées. Plusieurs villes de l'est et aux alentours de Kitona tombèrent sous les coups du RCD, de l'Ouganda et du Rwanda. Les efforts de conciliation diplomatiques sont restés vains. Le 13 août, les rebelles avaient pris possession du complexe hydro-électrique d'Inga qui alimentait en électricité Kinshasa et le port de Matadi, et qui était à l'origine de l'essentiel de l'approvisionnement de la capitale en nourriture et hydrocarbures. Le centre diamantaire de Kisangani tomba aux mains de rebelles le 23 août et les forces en provenance de l'est commencèrent à menacer Kinshasa dès la fin août. L'Ouganda, qui s'abstenait de soutenir le RCD avec le

Rwanda, créa également un groupe rebelle qu'il aida exclusivement, le Mouvement de Libération du Congo (MLC).

Malgré le déplacement des lignes de front, les combats continuèrent à travers le pays. Même quand les forces rebelles progressaient vers Kinshasa, les forces gouvernementales continuèrent à se battre pour le contrôle des villes de l'est du pays. Les militants Hutus avec qui Kabila nouait des alliances étaient toujours des forces d'importance dans l'est du pays.

Kabila gagne des alliés régionaux

L'offensive rebelle interrompit les efforts de Kabila qui commençaient à porter leurs fruits. Les premiers à répondre furent les membres de la Southern African Development Community (SADC). Bien qu'officiellement les membres de la SADC soient liés par un traité de défense mutuelle contre une agression extérieure, plusieurs d'entre eux prirent une position neutre dans le conflit. Cependant, la Namibie, le Zimbabwe et l'Angola apportèrent rapidement leur soutien au gouvernement Kabila après une rencontre dans la capitale du Zimbabwe, Harare, le 19 août.

Les motivations de ces pays étaient variables :

Angola

pris dans une guerre civile de 25 ans contre les rebelles de l'UNITA, l'Angola désirait éliminer les bases UNITA du sud Congo, qui approvisionnaient la rébellion en échange de diamants angolais. C'est pour la même raison que l'Angola participa brièvement à la Première guerre du Congo pour évincer Mobutu du pouvoir. Le gouvernement angolais ne pensait pas qu'un nouveau président serait préférable à Kabila et craignait que l'instabilité au Congo ne profite à l'UNITA.

Zimbabwe

le président Robert Mugabe était le plus ardent soutien de secours à Kabila, car il était intéressé par les richesses naturelles du Congo et souhaitait accroître son prestige et son influence en Afrique. Kabila et Mugabe avaient signé un contrat d'une valeur de 200 millions d'USD, concernant des entreprises détenues par Mugabe et sa famille. Divers contrats d'exploitation minière furent négociés en 1998 avec des compagnies sous contrôle de la famille Mugabe. Mugabe fut aussi considéré comme étant envoyé par le président Nelson Mandela, comme ambassadeur des intérêts de d'Afrique du Sud. La guerre était aussi une occasion d'être confronté à un autre président africain, Yoweri Museveni de l'Ouganda.

Namibie

le président Sam Nujoma avait des intérêts au Congo similaires à ceux de Mugabe, avec des membres de sa famille actifs dans les mines congolaises. La Namibie elle-même n'avait que peu d'intérêts à défendre et l'intervention fut dénoncée par la population et les dirigeants de l'opposition.

Plusieurs autres nations se joignirent à Kabila dans ce conflit pour plusieurs raisons dans les semaines qui suivirent :

Tchad
Kabila avait tout d'abord escompté un soutien de l'Afrique francophone, mais après le sommet de Libreville, au Gabon, le 24 septembre, seul le Tchad décida d'envoyer un millier d'hommes. Pour la France, qui encouragea cette opération, il s'agissait de regagner son influence en Afrique centrale, perdue depuis le génocide au Rwanda de 1994[10].

Libye
Le gouvernement de Mouammar Kadhafi fournit des avions pour transporter des troupes du Tchad. Kadhafi aurait vu une occasion de profits financiers, mais aussi une façon de briser la situation d'isolement international imposée par les États-Unis après la destruction en 1988 du vol Pan Am 103 au-dessus de Lockerbie, en Écosse.

Soudan

En septembre, des rapports non confirmés indiquèrent que des forces du gouvernement soudanais combattaient les rebelles dans la Province orientale, à proximité des frontières soudanaise et ougandaise. Cependant, le Soudan n'a pas établi de présence durable et significative en République démocratique du Congo, bien qu'il offrit une aide substantielle à trois groupes de rebelles ougandais — le Lord's Resistance Army, le Uganda National Rescue Front II et l'Allied Democratic Forces — en représailles pour leur soutien au Sudan People's Liberation Army[11].

Une guerre sur plusieurs fronts fut déclenchée. En septembre 1998, les forces zimbabwéennes furent envoyées à Kinshasa pour contrer les attaques rebelles menaçant les abords de la ville, les rebelles ayant fait parvenir des forces du sud par les frontières de l'Angola et de l'ouest par l'enclave de Cabinda, contre les assiégeants rebelles. Cette intervention par plusieurs nations sauva le gouvernement de Kabila, qui repoussa loin de la capitale les lignes de front. Cependant, les forces rebelles ne furent pas défaites, et il y eut une confrontation directe avec les armées nationales d'Ouganda et du Rwanda.

En novembre 1998, un nouveau groupe soutenu par l'Ouganda, le Mouvement de Libération du Congo fit son apparition dans le nord du pays. Le 6 novembre, le président Paul Kagame admit pour la première fois que des forces militaires du Rwanda aidaient les rebelles en RDC pour des raisons de sécurité, apparemment à la suite d'une demande de Nelson Mandela de faire progresser les pourparlers de paix. Le 18 janvier 1999, le Rwanda, l'Ouganda, l'Angola, la Namibie et le Zimbabwe décidèrent d'un cessez-le-feu au sommet de Windhoek, en Namibie, mais la République démocratique du Congo n'était pas invitée. Les combats continuèrent.

Hors d'Afrique, de nombreux états restèrent neutres et demandèrent l'arrêt des violences. Ces états étaient réticents à envoyer des troupes dans la région. De nombreuses compagnies minières et diamantaires occidentales, en particulier américaines, canadiennes, et israéliennes, soutenaient le gouvernement Kabila en échange d'accords commerciaux. Ces actions leur valurent de nombreuses critiques des groupes de défense des droits de l'Homme.

L'accord de paix de Lusaka

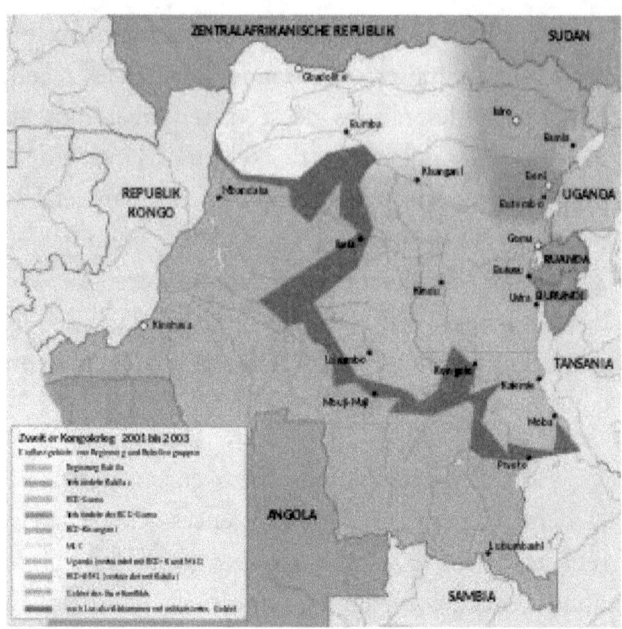

Territoires tenus par les différentes factions en juin 2003 : Gouvernement, MLC au nord, RCD à l'est

Le 5 avril 1999, les tensions entre le RCD à propos de la domination des Banyamulenge atteignit son paroxysme quand le leader du RCD Ernest Wamba dia Wamba déplaça son centre de commandement de Goma à Kisangani, zone contrôlée par l'Ouganda. Un autre signe de rupture apparut quand le président Museveni de l'Ouganda et Kabila signèrent un cessez-le-feu le 18 avril à Syrte, en Libye, après une médiation du dirigeant libyen Mouammar Kadhafi, et à laquelle et le RCD et le Rwanda refusèrent de prendre part. Le 16 mai, Wamba fut évincé de la direction du RCD en faveur d'une figure pro-Rwanda. Sept jours plus tard, les différentes factions du RCD s'affrontèrent pour le contrôle de Kisangani. Le 8 juin, les factions rebelles se rencontrèrent pour tenter d'établir un front commun contre Kabila.

Ces circonstances contribuèrent au premier cessez-le-feu de la guerre. En juillet 1999, l'accord de cessez-le-feu de Lusaka fut signé par les six pays belligérants, (République démocratique du Congo, Namibie, Angola, Zimbabwe, Rwanda, et Ouganda) et, le 1er août, le MLC. Le RCD refusa de signer. Selon cet accord, les forces des différentes parties, sous le contrôle d'une commission militaire conjointe, coopéreront au désarmement et au contrôle des groupes armés présents sur le territoire, et en particulier ceux identifiés comme étant à l'origine du génocide au Rwanda de 1994. Mais le désarmement de ces milices se fait attendre.

Le Conseil de sécurité des Nations unies ordonna le déploiement de 90 officiers de liaison en août 1999 pour assister le cessez-le-feu. Cependant, dans les mois qui suivirent, les uns et les autres s'accusèrent de violations régulières de la trêve. Le cessez-le-feu resta fragile.

La tension entre l'Ouganda et le Rwanda atteignit son point de rupture au début août quand des unités de l'Uganda Peoples Defense Force et l'Armée Patriotique du Rwanda s'affrontèrent à Kisangani. En novembre, la télévision gouvernementale de Kinshasa déclara que l'armée de Kabila avait été reconstruite et était prête à remplir sa « mission de libérer le pays ». Les forces rwandaises lancèrent une large offensive et s'approchèrent de Kinshasa avant d'être rappelées.

Le 30 novembre 1999, les Nations unies autorisèrent une force de 5 500 hommes, la Mission de l'Organisation des Nations unies pour le Congo, plus connue sous son acronyme, MONUC, à superviser le cessez-le-feu. Cependant, les combats continuèrent entre les rebelles et les forces gouvernementales, et entre les forces rwandaises et ougandaises, en particulier entre l'Ouganda et le Rwanda à Kisangani en mai et juin 2000 lors de la guerre des Six Jours. Le 9 août 2000, une offensive gouvernementale dans la Province de l'Équateur fut stoppée le long de la rivière Ubangui près de Libenge par les forces du MLC. Malgré l'échec des opérations militaires, les efforts diplomatiques bilatéraux ou à travers les Nations unies, l'Union africaine et la Communauté sud-africaine de développement échouèrent à faire évoluer les choses.

L'assassinat de Kabila

En janvier 2001, Laurent-Désiré Kabila fut assassiné par l'un de ses gardes du corps. Le commanditaire n'a pas pu être identifié, mais les alliés de Kabila étaient notoirement excédés de ses duplicités[réf. nécessaire], et en particulier le retard pris dans l'application d'une feuille de route à propos de l'introduction d'une constitution démocratique conduisant à des élections libres. Les troupes angolaises étaient visibles à l'occasion du cortège de funérailles Kabila à Kinshasa. Cependant, la transition se fit facilement.

Par un vote unanime du Parlement Congolais, son fils, Joseph Kabila, fut nommé président pour le remplacer. Ce fut dû largement à des efforts en coulisse de Robert Mugabe.[réf. nécessaire] En février, le nouveau président rencontra le président Rwandais Paul Kagame aux États-Unis. Le Rwanda, l'Ouganda et les rebelles s'accordèrent sur une médiation des Nations unies pour un plan pour la paix. L'Ouganda et le Rwanda commencèrent à retirer leurs troupes du territoire de la ligne de front.

En avril 2001, un groupe d'experts des Nations unies enquêta sur l'exploitation illégale de diamants, cobalt, coltan, or et d'autres ressources lucratives du Congo. Le rapport[réf. nécessaire] désigna le Rwanda, l'Ouganda et le Zimbabwe comme principaux pays exploitant les ressources congolaises, et recommanda la prise de sanctions par le Conseil de sécurité.

Un accord nominal de paix

Différentes tentative de mettre fin au conflit furent faites, sans succès. En 2002, la situation se détériora au Rwanda. De nombreux membres du RCD arrêtèrent les combats ou décidèrent de se rallier au gouvernement de Kabila. De plus, les Banyamulenge se lassèrent de jour en jour de la tutelle de Kigali et de ce conflit ininterrompu. Certains d'entre eux se mutinèrent, ce qui conduisit à de violentes altercations entre eux et les forces rwandaises. Au même moment, le Congo oriental devint plus sûr sous le gouvernement de Joseph Kabila. L'aide internationale reprit au fur et à mesure que l'inflation fut de nouveau contrôlée.

L'accord de Sun City fut formalisé 19 avril en 2002. C'était un canevas pour établir au Congo un gouvernement unifié et multipartite, et des élections démocratiques. Cependant, il y eut des critiques quant aux fait qu'il n'était pas fait de mentions de l'unification de l'armée, ce qui déforçait l'accord. Malgré diverses violations constatées aux dispositions prévues, l'accord permit la fin des combats. Le 30 juillet 2002, le Rwanda et la République démocratique du Congo signèrent l'accord de Paix de Prétoria après cinq jours de discussions à Pretoria, en Afrique du Sud. Les pourparlers étaient centrés sur deux problèmes. L'un était le retrait d'environ 20 000 soldats rwandais du Congo. L'autre concernait les anciens soldats rwandais Hutus et le démantèlement de la milice extrémiste Interahamwe, qui prirent part au génocide de 1994 et qui continuaient d'être actifs au Congo oriental. Le Rwanda disposait d'environ 20 000 soldats au Congo et refusa de les retirer avant que les milices Hutu n'aient été neutralisées.

Signé le 6 septembre 2002, l'accord de Luanda formalisa la paix en République démocratique du Congo et l'Ouganda. Le traité établissait le retrait des troupes ougandaises de Bunia et l'amélioration des relations entre les deux pays, mais la mise en œuvre fut problématique. Onze jours plus tard, les premiers soldats rwandais se retirèrent de RDC. Le 5 octobre, le Rwanda annonça le retrait complet de ses troupes. La MONUC confirma le départ de plus de 20 000 soldats rwandais.

Le 21 octobre, les Nations unies publièrent un rapport de son panel d'experts sur le pillage des ressources naturelles au Congo par des groupes armés. Le Rwanda et l'Ouganda rejetèrent les accusations à leur encontre, selon lesquelles certains de leurs dirigeants politiques et militaires étaient impliqués dans des trafics illégaux de ces ressources.

Le 17 décembre 2002, les membres congolais du Dialogue Inter Congolais, à savoir : le Gouvernement national, le MLC, le RCD, le RCD-ML, le RCD-N, l'opposition politique locale, les représentants de la société civile et les Mai Mai, signèrent un accord de paix global. L'accord décrivait un plan pour une transition gouvernementale qui devait aboutir à des élections présidentielles et législatives dans les deux ans de la signature. Cet accord marqua la fin officielle de la Seconde guerre du Congo.

La fin de la guerre : le Gouvernement de transition

Trois groupes rebelles soutenus par l'Ouganda, le MLC, le RCD-N et le RCD-ML, signèrent un cessez-le-feu, l'Accord de Gbadolite, le 31 décembre, 2002. Ils devaient arrêter les combats dans le périmètre Isiro-Bafwasende-Beni-Watsa, et à accepter la venue d'observateurs des Nations unies dans cette zone. L'accord comprenait également des garanties de liberté de mouvement des populations civiles et des organisations humanitaires.

Malgré la fin officielle des hostilités, des combats perdurèrent. Durant janvier et février 2003, la MONUC observa de nombreux mouvements de troupes, principalement entre l'Ouganda, le Rwanda et leurs zones d'occupation respectives. Le 1er mai 2003, l'Ouganda retira son armée régulière de Bunia et de l'Ituri en conformité avec l'accord de Luanda. Des combats intervinrent entre les Hema et les Lendu entre le 7 et le 16 mai à Bunia.

Le 30 juin 2003, la formation du Gouvernement de transition entérine officiellement la fin de la Deuxième Guerre du Congo. Suite voir Guerre du Kivu.

Effets

Le conflit a eu de nombreux effets, essentiellement négatifs. La guerre a détruit l'économie de cette région déjà appauvrie, les investisseurs s'étant éloignés, et les ressources ayant servi à alimenter la guerre plus qu'à développer les pays. Une grande partie des infrastructures, déjà moribondes, a été détruite ou endommagée.[réf. nécessaire] La continuation et l'alimentation des tensions ethniques qui avaient déjà généré le génocide au Rwanda, ont rapidement accentué les divisions ethniques post-coloniales au Congo ce qui a entraîné cette guerre et ses conséquences.

Un groupe de femmes victimes de violences sexuelles au Sud-Kivu

Le viol des femmes a été utilisé comme moyen de terreur et de domination au cours du conflit. En octobre 2004, le groupe des droits de l'homme d'Amnesty International[réf. nécessaire] dénombra 40 000 cas de viol au cours des six années précédentes, la majorité d'entre eux s'étant produits au Sud-Kivu. Il s'agit d'un tableau incomplet, les organisations humanitaires et internationales n'ayant pas accès à nombre des zones de combat, et seules les femmes s'étant identifiées étant comptabilisées. Le nombre de femmes violées est généralement estimé comme étant bien supérieur. Toutes les forces présentes dans le conflit ont été coupables de viols, bien que les milices et plusieurs groupes d'armées non régulières soient les plus coupables.[réf. nécessaire] Médicalement, un nombre anormalement élevé de femmes souffrant de fistules vaginales a été constaté, ce qui est généralement le résultant de viols collectifs. La nature endémique des viols dans ce conflit a contribué à la transmission des maladies sexuellement transmissibles, y compris le SIDA, dans la région.[réf. nécessaire]

Le nombre de morts résultant de la guerre est estimé à 3,3 millions de personnes jusqu'en 2002, nombre tiré d'enquêtes conduites par l'International Rescue Committee[12]. La majorité de ces morts (80-90 %) résulte de maladies et de malnutrition, dont la cause est imputée aux carences des services de santé et de l'agriculture, et au déplacement des réfugiés. Le rapport 2004 de l'IRC estime en fait ce nombre de morts entre 3,4 et 4,4 millions[12], un écart résultant des imprécisions du modèle de simulation utilisé.

Au niveau médical, de nombreuses zones ne bénéficiaient pas du vaccin contre le paludisme, et le

SIDA s'est propagé avec les viols. Lors des accouchements, 1 femme sur 3 décédait, faute de soins. De simples maladies, comme l'appendicite, débouchaient sur la mort, faute de personnel médical.

Les autres effets incluent le déplacement d'environ 3,4 millions de personnes au sein de la RDC, ainsi que l'appauvrissement de centaines de milliers d'autres[réf. nécessaire]. La majorité des déplacés proviennent de l'est du pays. Près de 2 millions de personnes[réf. nécessaire] ont également été déplacées vers les contrées avoisinantes, le Burundi, le Rwanda, la Tanzanie et l'Ouganda.

Récemment, certains ont redouté une troisième guerre du Congo.[réf. nécessaire]

Dans les faits, si la fin du conflit fut fixée à juin 2003, malheureusement, depuis cette date, des exactions contre les civils, et des faits de guerre continuent, dont de nombreux viols.

Glossaire des groupes armés

les Groupes sont classés selon l'état dans lequel ils sont les plus actifs.

Angola

- UNITA

République démocratique du Congo

- Alliance des Forces démocratiques pour la Libération du Congo (AFDL) : alliance soutenue par le Rwanda et l'Ouganda, qui évinça Mobutu et porta Kabila au pouvoir.
- Armée du Peuple Congolais (APC) : ou Armée Populaire Congolaise. aile militaire du RCD-ML.
- Armée Nationale Congolaise (ANC) : aile militaire du RCD-Goma
- Banyamulenge : Tutsis du Sud-Kivu, qui furent particulièrement actifs dans AFDL, et toujours influents au sein de l'ANC
- Forces Armées Congolaises (FAC) : armée nationale de la République démocratique du Congo
- Front de Libération du Congo (FLC) : alliance que l'Ouganda tenta de monter en coalisant le MLC, le RCD-N et le RCD-ML sous l'égide de Jean-Pierre Bemba en novembre 2000 pour centraliser le contrôle des Provinces orientale et de l'Équateur en 2000. Projet abandonné en août 2001.
- Mai-Mai : terme générique pour des groupes de milices congolaises patriotiques. Le terme se réfère également à différents mouvements de résistances en Afrique orientale du temps de l'occupation coloniale.
- Mouvement de Libération du Congo (MLC) : groupe rebelle soutenu par l'Ouganda, opérant

en province de l'Équateur, et dirigée par Jean-Pierre Bemba. Créé en 1998. Parfois erronément considéré comme les forces ougandaises elles-mêmes.
- Rassemblement congolais pour la Démocratie (RCD): nom partagé par divers groupes armés, mais généralement employé pour le RCD-Goma.
  - RCD-Congo : faction du RCD-Goma, dirigée par Kin-Kiey Mulumba, qui fit sécession en juin 2002
  - RCD-Goma : groupe rebelle soutenu par le Rwanda, fondé dans la ville de Goma en août 1998 contre Laurent Kabila. Techniquement, l'ANC est la branche militaire du RCD-Goma, mais la distinction n'est pas toujours faite.
  - RCD-K : groupe rebelle soutenu par l'Ouganda, dirigé par Wamba dia Wamba, qui fit sécession du RCD-Goma en mars 1999. Il devint le RCD-ML dirigé par Nyamwisi en septembre 1999. Également connu sous le nom de RCD-Wamba. Voir RCD-K/ML
  - RCD-Kisangani/Mouvement de Libération (RCD-K/ML) : se réfère au RCD-K qui devint le RCD-ML
  - RCD-ML : groupe rebelle soutenu par l'Ouganda, dirigé par Mbusa Nyamwisi. Actif dans le Nord-, le Sud-Kivu et l'Ituri. Voir RCD-K/ML.

Aurait accepté de l'armement de Kinshasa, en accord avec l'Ouganda, qui furent partagés avec le FDLR contre les forces Tutsi.
- RCD-National (RCD-N) : groupe rebelle soutenu par l'Ouganda, et dirigé par Roger Lumbala, qui quitta le RCD-K/ML et est maintenant allié avec le MLC
- Union des patriotes congolais (UPC), dirigé par Thomas Lubanga. Mouvement proche du Rwanda, principalement actif en Ituri, et essentiellement constitué de membres de l'ethnie Hema.

Burundi

- Conseil national pour la défense de la démocratie-Forces de défense de la démocratie (CNDD-FDD) : groupe rebelle généralement dénommé FDD.
- Forces armées burundaises (FAB) : armée nationale burundaise, dominée par les Tutsis, coopérant occasionnellement avec le RCD et le RDF
- Front de Libération Nationale (FLN ou FROLINA) : milice hutue dirigée par Joseph Kalumba

Namibie
Rwanda

- Armée de Libération du Rwanda (ALiR) : successeur Hutu des organisations Interahamwe et du RDR, basée dans le Kivu, recrutant aussi des Hutus congolais. Devint le FDLR en septembre 2000.
- Forces démocratiques de libération du Rwanda (FDLR) : principal groupe Hutu anti-Tutsi actuellement actif, soutenu par Kinshasa. Créé en 2000 après que les organisations hutues de Kinshasa et l'ALiR du Kivu décidèrent de fusionner. En juillet 2002, les unités du FDLR toujours présentes à Kinshasa se rendirent au Kivu. 15 000 à 20 000 membres.
- Interahamwe : Hutus rwandais anti-Tutsi Hutus, largement responsables du génocide de 1994, et qui fuirent au Congo oriental
- Rassemblement Démocratique pour le Rwanda : successeur de l'organisation Interahamwe, qui se fondit dans l'ALiR
- Forces de Défense du Rwanda (FDR) : armée nationale rwandaise, dominée par les Tutsis. Changea de nom pour Armée Patriotique du Rwanda (APR) en juin 2002
- Front patriotique rwandais (FPR) : aile politique du groupe rebelle soutenu par l'Ouganda, dirigé par Paul Kagame, et qui prit le pouvoir en 1994 en mettant en fuite les génocidaires.

Ouganda

- Allied Democratic Forces (ADF) : groupe rebelle actif en Ouganda occidental, avec des bases arrières en DRC. Globalement inactif.
- Uganda Peoples Defense Force (UPDF) : armée nationale de l'Ouganda

Chapitre 12

Gouvernement de transition de la République démocratique du Congo

Le **Gouvernement de transition de la République démocratique du Congo** est une institution mise en place le 30 juin 2003. Il s'agit d'un gouvernement d'union nationale établi à la suite des accords liés à la fin de la Deuxième guerre du Congo. Il est chargé de l'établissement d'une transition démocratique dans le pays. Ses principaux objectifs sont la restauration de la paix dans l'est du pays, et l'organisation des élections législatives prévues pour le 30 juin 2005 au plus tard, mais désormais reportées une première fois le 30 juin 2006, et finalement le 30 juillet 2006. Le gouvernement est dirigé par le président de la République et quatre vice-présidents. Ceux-ci sont :

- Joseph Kabila, président de la République (PPRD);
    - Abdoulaye Yerodia Ndombasi, vice-président (PPRD);
    - Azarias Ruberwa, vice-président (RCD);
    - Jean-Pierre Bemba, vice-Président (MLC) ;
    - Arthur Z'ahidi Ngoma, vice-président.

Les trois principales tendances politiques du pays se retrouvent ainsi à la tête de l'État. Elles se partagent les différents postes ministériels avec les autres nombreuses factions politiques issues du conflit.

Étienne Tshisekedi (Union pour la démocratie et le progrès social), le principal opposant historique, estimant comme déjà acquis le siège de vice-président de l'opposition boycotta les élections partielles organisées par l'opposition politique non-armée, dans une salle prêtée par la Monuc, et ne participa donc pas à ce gouvernement.

Le gouvernement de transition a pris fin avec la proclamation de la Troisième République le 18 février 2006. De nombreuses dispositions prises sous ce régime restent en vigueur à l'heure actuelle, dont notoirement l'ancien découpage des provinces.

Poursuite des troubles dans l'est du pays

Le 30 juin 2003, un gouvernement de transition, composé de divers groupes issus du Dialogue intercongolais, fut formé. Dans le courant du mois de septembre, une présence renforcée de la MONUC établit la « zone démilitarisée de Bunia » pour pacifier la région, secouée par les rivalité entre les ethnies Hema et Lendu. Bien que la région reste instable, l'opération permit un relatif retour au calme.

En septembre 2004, entre 20 000 et 150 000 personnes fuirent le Kivu oriental, devant l'avance des troupes gouvernementales[1]. Le 11 octobre 2004, le Conseil de sécurité des Nations unies décida de déployer 5 900 soldats de plus pour sa mission au Congo (MONUC), bien que le Secrétaire-Général Kofi Annan ait fait une requête de 12 000 hommes.

C'est au cours de cette période que l'International Rescue Committee reporta que le conflit tuait 1000 personnes par jour alors que la communauté internationale reste indifférente. Comparée à la guerre en Irak, il établit que durant 2004 l'Irak reçu l'équivalent de 138 USD par personne, pendant que le Congo n'est recevait que 3 USD par personne[2].

La tension monte

À la fin novembre 2004, le Président rwandais Paul Kagame déclara que le Rwanda gardait l'option d'envoyer des troupes au Congo pour combattre les milices hutues, en particulier les Forces démocratiques de libération du Rwanda (FDLR) qui n'avait pas encore été désarmées comme promis en 2002 au cours de l'accord de Paix de Prétoria. À la mi-décembre 2004, de nombreux rapports établissaient que des troupes rwandaises avaient franchi la frontière. Le chef de la

MONUC, M'Hand Djalouzi, commenta les rapports en disant le 1er décembre, « ces infiltrations n'ont rien de neuf, mais il s'agit d'autre choses, qui ressemble à une invasion ». Il demeura peu clair si les militaires rwandais occupaient le territoire ou menaient des opérations ponctuelles. Les Nations unies ont promis d'enquêter.

Le 16 décembre, la BBC rapporta que 20 000 civils avaient fui les combats dans la ville de Kanyabayonga dans le Nord-Kivu, à 160 kilomètres de Goma. Les forces anti-gouvernementales, conduites par le capitaine Kabakuli Kennedy, qui déclara combattre pour défendre les Banyamulenge, avait évincé les troupes loyalistes, tenant la ville et les montagnes environnantes. Le gouvernement envoya une commission pour enquêter et accusa le Rwanda de fomenter une nouvelle rébellion. Le Rwanda a démenti son implication dans les combats[3].

L'International Crisis Group publia un rapport le 17 décembre avertissant que l'intervention du Rwanda pourrait ruiner les progrès fait depuis deux ans dans les pourparlers pour la paix. Ils rappelèrent que les deux guerres précédentes débutèrent en des circonstances similaires à celles existantes à ce moment au Kivu, et qu'une autre guerre dans la région était possible si des efforts diplomatiques n'étaient pas entrepris[4].

Le 20 décembre 2004, l'Union pour la République propose officiellement au gouvernement « 1+4 » de mettre à la disposition de la République sa branche armée à la suite du massacre de Gatumba du 13 août 2004 et de l'agression militaire de décembre 2004 des troupes rwandaises du général Kagame à l'est du Congo au Kivu. Le gouvernement 1+4 ne réagit pas et laisse cette proposition sans suite depuis lors.

Le 25 janvier 2005, les Nations unies rapportèrent que l'Ouganda et le Rwanda continuaient à armer des groupes d'insurgés dans le Congo oriental, en violation de l'embargo en vigueur dans la région. Les deux pays nièrent de telles pratiques, et le porte-parole de l'UPDF rétorqua que la MONUC était inutile et devrait être démantelée[5]. Pendant ce temps, une rencontre des dirigeants africains à Abuja décida d'envoyer plus de troupes de maintien de la paix au Congo et tâcher de désarmer les forces hutues, facteurs récurrents de tension dans le pays. En réponse, un porte-parole des Forces démocratiques de libération du Rwanda déclara le 2 février que le FDLR résisterait avec force à toute tentative de désarmement[6]. Le même jour, la Secrétaire d'État des États-Unis Condoleezza Rice accueillit des représentants de le DRC, de l'Ouganda et du Rwanda à Washington, DC pour des discussions en vue de la fin des tensions dans la région.

Les résultats du Gouvernement de transition

Le Gouvernement de transition, étant composé des chefs de guerres des milices responsables de la Deuxième guerre du Congo, échoue dans l'accomplissement de ses missions fondamentales :

- la pacification du pays : le gouvernement échoue à neutraliser les milices de l'Union des patriotes congolais, des Forces démocratiques de libération du Rwanda (FDLR) et des Interahamwe à l'Est de la RDC[7],
- l'unification de l'armée nationale : le gouvernement échoue à intégrer l'armée nationale et refuse d'y intégrer les anciennes forces armées zaïroises[8],
- l'intégration des milices du MLC et du RCD dans l'armée nationale : toutes les factions lors de la Deuxième guerre du Congo continuent d'entretenir leur milice respective et refusent de les intégrer dans l'armée nationale[9],
- l'organisation des élections avant le 30 juin 2006 au plus tard : les élections n'ont pas eu lieu avant le 30 juin 2006 (report au 30 juillet 2006).

En conséquence, la MONUC doit obtenir au cours années plusieurs augmentations de ses effectifs, pour finalement devenir la plus importante mission de l'ONU, afin de faire face à la dégradation de la situation sécuritaire des populations. La mission de la MONUC devient également de plus en plus compliquée en raison de différents scandales qui la concerne (corruption, marché noir, scandales sexuels...). Elle doit se faire appuyer à partir de mai 2006 à Kinshasa par des troupes de l'Union de l'Europe occidentale (UEO) afin de sécuriser le processus des élections.

De nombreux scandales de corruption, de malversations, de détournements de fonds, d'accusation de pillages des ressources naturelles... éclatent au grand jour durant la 1re moitié de 2006. À partir d'avril 2006, la situation se dégrade et les institutions internationales (Banque Mondiale, FMI) cessent d'appuyer le Gouvernement de Transition.

Il faut attendre la mi-2006 pour assister au premier transfert d'un criminel de guerre de Kinshasa à La Haye, Thomas Lubanga (chef de la milice Union des patriotes congolais), afin de le faire comparaître devant la Cour pénale internationale (CPI).

À partir de la mi-juillet 2006, les observateurs de la Fondation Carter et la Monuc dénoncent des irrégularités dans la préparation des scrutins du 30 juillet 2006. Le 20 juillet 2006, l'église catholique - au travers de la Conférence épiscopale nationale du Congo (Cenco) - dénonce des "irrégularités constatées" dans la préparation des scrutins du 30 juillet 2006 et menace de ne pas reconnaître la validité des élections si ces irrégularités ne sont pas corrigées. La Cenco appelle aussi les forces de l'ordre à la "neutralité" et les autorités à la "neutralisation" des combattants issus de différentes factions belligérantes pendant la Deuxième guerre du Congo en RDC (1998-2003) qui n'ont pas encore été intégrés aux nouvelles brigades de l'armée nationale, en pleine restructuration.

La fin du Gouvernement de transition

L'élection présidentielle tant attendue par la population et devant mettre un terme au gouvernement de transition a finalement lieu en juillet 2006 : Joseph Kabila est déclaré vainqueur au second tour.

Le nouveau Gouvernement emmené par Antoine Gizenga est nommé le 5 février 2007.

La fin de la transition est caractérisée par plusieurs faits marquants :

- la dignité de la population congolaise, durant toute la période électorale, qui s'est rendue aux urnes dans la paix ;
- la prise de position tranchée de l'opposition politique et du clergé qui ont dénoncé de nombreuses malversations dans l'organisation de ces élections ;
- le boycott des élections par l'UDPS ;
- l'instabilité militaire à l'est de la RDC entretenue par Laurent Nkunda ;

- les multiples accusations de parti pris de la Communauté internationale en faveur de Joseph Kabila :
  - accusation, non démentie par la CEI, de production de 5 millions de bulletin de vote additionnels, [citation nécessaire],
  - Tensions Kabila-Bemba en 2006 et 2007 : bombardement de la résidence de Bemba, combats de rue, incendie des chaînes de télévision de Bemba,
  - prévision initiale d'un seul tour devant mener à la victoire de Joseph Kabila (non-budgétisation initiales par les autorités et la Communauté Internationale d'un second tour) [citation nécessaire].

Composition

Composé le 30 juin 2003[10], le gouvernement de transition a vu 6 remaniements ministériels :

- le 11 juillet 2004[11] ;
- le 3 janvier 2005[12];
- le 17 février 2005[13];
- le 18 novembre 2005[14,15]
- le 24 mars 2006 ;
- le 10 octobre 2006.

Ministres

- Affaires étrangères et Coopération internationale :
    - Antoine Ghonda Mangalibi (MLC)
    - Raymond Ramazani Baya (MLC) (22 juillet 2004)
- Affaires Foncières : Venant Tshipasa (DCF/COFEDEC)
- Affaires Sociales :
    - Ingele Ifoto (CAMP DE LA PATRIE)
    - Laurent-Charles Otete Omanga (3 janvier 2005)
- Agriculture, Pêche et Élevage :
    - Justin Kangundu (MLC)
    - Constant Ndom Nda Ombel (MLC) (3 février 2004)
    - Paul Musafiri (MLC) (18 novembre 2005)
- Budget : François Muamba Tshishimbi (MLC)
- Commerce extérieur :
    - Roger Lumbala (RCD-N)
    - Chantal Ngalula Mulumba (RCD-N) (3 janvier 2005)
- Condition féminine et Famille : Faida Mwangilwa (RCD)
- Coopération internationale :
    - Banza Mulukayi (18 novembre 2005)
- Coopération régionale : Antipas Mbusa Nyamwisi (RCD/ML)
- Culture et Arts :
    - Pierrette Gene Vungbo Yatalo (PPRD) (9 septembre 2003)

- Christophe Muzungu (PPRD) (11 juillet 2004)
- Philémon Mukendi (PPRD) (18 novembre 2005)
- Défense Nationale, Anciens Combattants et Démobilisation :
  - Jean-Pierre Ondekane (RCD) (30 juin 2003–3 janvier 2005)
  - Adolphe Onusumba Yemba (RCD) (3 janvier 2005)
- Développement rural : Pardonne Kaliba Mulanga (Mai-Mai)
- Droits humains : Marie-Madeleine Kalala
- Économie :
  - Célestin Mvunabali (RCD) (30 juin 2003–11 juillet 2004)
  - Émile Ngoy Kasongo (RCD) (11 juillet 2004)
  - Floribert Bokanga (RCD) (3 janvier 2005)
  - Pierre Manoka (RCD) (18 novembre 2005)
- Énergie :
  - Kalema Lusona (PPRD)
  - Pierre Muzumba Mwana Ombe (PPRD) (3 janvier 2005)
  - Salomon Banamuhere (PPRD) (18 novembre 2005)
- Enseignement primaire et secondaire :
  - Élysée Munembwe (MLC)

- Constant Ndom Nda Ombel (MLC) (3 février 2004)
- Paul Musafiri (MLC) (17 février 2005)
- Enseignement supérieur et universitaire :
  - Émile Ngoy Kasongo (RCD) (30 juin 2003–11 juillet 2004)
  - Joseph Mudumbi (RCD) (11 juillet 2004)
  - Théo Baruti (RCD) (18 novembre 2005)
- Environnement et Conservation de la nature : Anselme Enerunga (Maï-Maï)
- Finances :
  - Modeste Mutombo Kyamakosa (PPRD)
  - André-Philippe Futa Mudiumbula (PANU) (septembre 2003)
  - Marco Banguli (PPRD) (18 novembre 2005)
- Fonction Publique:
  - Gustave Tabezi (30 juin 2003–11 juillet 2004)
  - Athanase Matenda Kyelu (11 juillet 2004)
- Industrie et PME :
  - André-Philippe Futa Mudiumbula (PANU) (30 juin 2003–18 novembre 2005)
  - Jean Mbuyu Lunyongola (PPRD)

- Information, Presse et communication nationale :
  - Vital Kamerhe (PPRD) (30 juin 2003–11 juillet 2004)
  - Henri Mova Sakanyi (PPRD) (11 juillet 2004)
- Intérieur, Décentralisation et Sécurité :
  - Théophile Mbemba Fundu (PPRD)
  - Général Denis Kalume Numbi (10 octobre 2006)
- Jeunesse et Sports:
  - Omer Egbake (MLC)
  - Roger Nimy (MLC) (17 février 2005)
  - Jacques Lungwana (MLC)(18 novembre 2005)
- Justice et Garde des Sceaux: Honorius Kisimba Ngoy
- Mines :
  - Eugène Diomi Ndongala (DC)
  - Ingele Ifoto (CAMP DE LA PATRIE) (3 janvier 2005)
- Plan :
  - Alexis Thambwe Mwamba (MLC) (30 juin 2003–24 mars 2006)
  - Sessanga Hipung Dja Kaseng (MLC) (24 mars 2006)
- Portefeuille :
  - Joseph Mudumbi (RCD)
  - Célestin Mvunabali (RCD) (11 juillet 2004)

- Postes et Télécommunications : Gertrude Kitembo (RCD)
- Recherche scientifique : Gérard Kamanda wa Kamanda (FCN)
- Santé publique :
    - Jean Yagi Sitolo (PPRD) (30 juin 2003–11 juillet 2004)
    - Anasthasie Moleko Moliwa (PPRD) (11 juillet 2004)
    - Emile Bongeli Yeikeo Ya Ato (PPRD)(3 janvier 2005)
    - Zacharie Kashongwe (PPRD) (10 octobre 2006)
- Solidarité et Affaires humanitaires : Catherine Nzuzi wa Mbombo (MPR/FP)
- Tourisme :
    - Roger Nimy (MLC)
    - José Engwanda (RCD-N) (3 février 2004)
- Transports et Communications :
    - Joseph Olenghankoy (FONUS)
    - Heva Muakasa (FPN) (3 janvier 2005)
- Travail et Prévoyance sociale :
    - Théo Baruti (RCD) (30 juin 2003–11 juillet 2004)
    - Jean-Pierre Lola Kisanga (RCD) (11 juillet 2004)
    - Balamage Nkolo (RCD) (3 janvier 2005)
- Travaux Publics et Infrastructures :
    - José Endundo Bononge (MLC)

- José Makila (MLC) (17 février 2005)
- Urbanisme et Habitat : John Tibassima Atenyi (RCD/ML)

Chapitre 13

Guerre du Kivu

La **guerre du Kivu** est un conflit armé opposant les forces régulières de l'armée de la République démocratique du Congo au Congrès national pour la défense du peuple de Laurent Nkunda.

Histoire récente

En 2003, avec la fin officielle de la deuxième guerre du Congo, Laurent Nkunda rejoint la nouvelle armée intégrée de la RDC mise en place sous le gouvernement de transition. Il entre avec le grade de colonel, puis est promu général au cours de l'année. Il rejette cependant rapidement l'autorité du gouvernement et se replie avec des troupes issues du RCD-Goma dans les forêts du Masisi dans le Nord-Kivu[2].

L'offensive de Bukavu de mai 2004

Plus tard en 2004, les forces de Nkunda entrent en conflit avec l'armée de la RDC au Sud-Kivu, et en mai 2004, occupent la ville de Bukavu où elles se rendent coupables de divers crimes de guerre[3]. Nkunda déclare qu'il tentait de prévenir un génocide contre les Tutsi de la région[4], un argument rejeté par la MONUC[5], qui réfute également les allégations selon lesquelles Nkunda recevait ses ordres du gouvernement du Rwanda. Après des négociations avec les Nations unies, les forces de Nkunda quittent Bukavu et retournent dans les forêts du Masisi. Ces forces se scindent et une partie part vers le Rwanda sous les ordres de Jules Mutebesi[3]. Plus de 150 000 rwandophones (comme Nkunda) ont, selon les observateurs, fui le Sud-Kivu pour le Nord-Kivu par peur de représailles de la part de l'armée de la RDC[6].

Affrontement de 2005 avec l'armée régulière

En 2005, Nkunda appelle à la fin du gouvernement de transition pour corruption. De plus en plus de déserteurs de l'armée régulière issus du RCD-Goma rejoignent ses propres troupes[7]. À cette époque, ses forces comptent environ 3 000 soldats.

2006

En janvier 2006, les troupes de Nkunda affrontent les troupes régulières congolaises, toutes accusées de crimes de guerre par la MONUC[8]. D'autres affrontements se déroulent en août 2006 aux environs Sake[9]. La MONUC cependant se refuse à ordonner l'arrestation de Nkunda lorsqu'un mandat d'arrêt international est lancé contre lui, arguant que « M. Laurent Nkunda ne représente pas une menace pour les populations locales, et nous ne pouvons dès lors justifier aucune action contre lui[10]. » Jusqu'en juin 2006 cependant, le Conseil de sécurité des Nations unies impose des mesures de restriction à Nkunda[11].

Au cours des premier et deuxième tours contestés et violents de l'élection présidentielle congolaise de 2006, Nkunda déclare qu'il respecterait le résultat des urnes[12,13,14]. Le 25 novembre, soit un jour avant que la Cour suprême de la République démocratique du Congo confirme la victoire de Joseph Kabila au second tour de l'élection présidentielle, les forces de Nkunda lancent une offensive majeure contre la 11e brigade des troupes gouvernementales à Sake[15], affrontant également des troupes de la MONUC[16]. L'attaque pourrait ne pas être liée au résultat de l'élection, mais plutôt au « massacre d'un Tutsi proche de l'un des commandants du groupe. » Les Nations unies appellent le gouvernement à négocier avec Nkunda, et le Ministre de l'Intérieur, le Général Denis Kalume, est envoyé dans l'est du pays pour entamer des négociations[17].

Le 7 décembre 2006, les troupes du RCD-Goma attaquent des positions de l'armée régulière au Nord-Kivu. Avec l'assistance militaire de la MONUC, l'armée gouvernementale parvint à reprendre le terrain, 150 rebelles ont été tués dans l'opération. Environ 12 000 civils congolais fuient vers le district de Kisoro en Ouganda[18]. Ce même jour, une roquette tirée du Congo vers Kisoro tue sept personnes[19].

2007

Au début 2007, le gouvernement régulier tente de diminuer la menace que constituait la présence de Laurent Nkunda en essayant d'intégrer davantage ses troupes au sein des FARDC, l'Armée nationale, en un processus appelé « brassage »[20]. Cependant, ceci n'aboutit pas, et il apparaît que de janvier à août 2007, Nkunda contrôlait désormais cinq brigades plutôt que deux.

Le 24 juillet 2007, le responsable des soldats de la paix des Nations unies Jean-Marie Guehenno déclare que « les forces de M. Nkunda sont la seule menace sérieuse contre la stabilité dans la RD Congo. »[21]

Fin 2007, l'instabilité au Nord-Kivu, largement attribuée aux affrontements entre les troupes de Nkunda et les milices hutu, était à l'origine du déplacement de plus de 160 000 personnes. Les agences des Nations unies annoncent que davantage de combats seraient à l'origine de 280 000 personnes déplacées supplémentaires dans les six mois à venir. Au cours de négociations entre Nkunda et le gouvernement pour intégrer ses troupes, Nkunda garde le contrôle de plusieurs unités, qui continuent à lui obéir après l'échec des négociations. La BBC déclare que Nkunda reçoit de l'aide du Rwanda[22].

À la fin août, Nkunda retire ses hommes des brigades mixtes Nkunda/FARDC et commence à attaquer les troupes gouvernementales qu'il accusait d'aider les milices hutu à assaillir les milliers de Tutsi présents dans le Kivu. Les forces des Nations unies considèrent, comme les troupes gouvernementales, Nkunda et sa milice comme des « bandits »[23].

Début septembre, les forces de Nkunda assiègent une position gouvernementale au Masisi, et les hélicoptères de la MONUC transportent des soldats gouvernementaux pour évacuer la ville[23]. Le 5 septembre 2007, après l'annonce par les forces des FARDC de la mort de 80 hommes de Nkunda à la suite d'un raid d'un hélicoptère Mil Mi-24, Nkunda appelle le gouvernement à revenir vers les termes d'un accord de paix. Selon lui « C'est la partie gouvernementale qui a brisé le processus de paix » et il demande au gouvernement de réintégrer le processus de paix[24].

En septembre, les hommes de Nkunda vident une dizaine d'écoles secondaires et quatre écoles primaires, où ils enrôlent de force des enfants-soldats. Selon les Nations unies, les filles furent emmenées comme esclaves sexuelles, les garçons comme soldats, en violation des lois internationales[25]. À la suite du rapport des Nations unies, des milliers de civils quittent les maisons pour les camps de réfugiés[26].

Le gouvernement impose le 15 octobre 2007 une date limite au désarmement des troupes de Nkunda. Cette limite passe sans réaction, et le 17 octobre, le président Joseph Kabila ordonne à ses troupes de se préparer à la maîtrise des troupes de Nkunda par la force. Les troupes du gouvernement marchent vers la position principale de Nkunda : Kichanga. Des milliers de civils fuient les combats entre les troupes de Nkunda et les Mai-Mai pro-gouvernementaux de Bunagana vers Rutshuru qu'ils atteignent après plusieurs jours de marche. Plusieurs informations font état de combats entre les troupes gouvernementales et celle de Nkunda aux environs de Bukima, à proximité de Bunagana, ainsi que de fuite de civils vers l'Ouganda. Le nombre total de déplacés depuis le début de l'année est estimé à plus de 370 000 personnes[27].

Au début novembre 2007, les troupes de Nkunda s'emparent de la ville de Nyanzale, à environ 100 km au nord de Goma. Trois des villages des environs sont également pris, et les positions de l'armée gouvernementale abandonnées[28]. Une offensive gouvernementale au début décembre reprend la localité de Mushake le 5 décembre par la 82ᵉ brigade, et de la route qui la traversait[29]. Ceci suit l'annonce par la MONUC que celle-ci était prête à fournir de l'artillerie aux offensives gouvernementales. Lors d'une conférence régionale à Addis-Abeba, les États-Unis, le Burundi, le Rwanda et l'Ouganda s'engagent à soutenir les forces gouvernementales et non pas les

« forces négatives »[30]. Nkunda reprend cependant Mushake le 10 décembre, ainsi que la localité de Karuba[31,32,33].

Avec l'ampleur des revers subis par l'armée gouvernementale en 2007, des doutes se font jour quant à sa capacité opérationnelle et à la fidélité de ses dirigeants en place, incapables de résister avec 20 000 hommes aux 4 000 miliciens de Nkunda[34]. Les pertes gouvernementales subies au cours de la bataille de Mushake sont considérables : sur environ 6 000 hommes engagés, 2 600 militaires ont été tués dont 2 000 policiers en tenue militaire et 600 éléments de la garde républicaine et 600 blessés. Le matériel saisi par les rebelles est également impressionnant : 6 tonnes de munitions, dont des munitions d'hélicoptères, 45 blindés, 20 lance-roquettes, 15 000 caisses de grenades, 6 000 caisses de fusil militaire FAL, ainsi que 15 missiles sol-air[34]. C'est la plus importante défaite de l'armée gouvernementale depuis la bataille de Pweto en novembre 2000. La fiabilité de certaines troupes de la MONUC est également mise en cause[35].

Nkunda annonce le 14 décembre qu'il est ouvert à des pourparlers de paix[36]. Le gouvernement appelle à de telles discussions le 20 décembre qui devaient se tenir du 27 décembre au 5 janvier 2008 au cours de la conférence de Goma[37]. L'ouverture de ces pourparlers est reportée au 6 janvier 2008[38].

Quelque 200 écoliers auraient encore été enrôlés par les forces de Nkunda le 17 décembre[39]. De violents combats entre les forces de Nkunda et des milices Maï-Maï sont par ailleurs intervenus le 28 décembre[40].

Selon l'International Rescue Committee, 45 000 personnes meurent encore chaque mois de la situation de guerre en République démocratique du Congo, dont la guerre du Kivu reste la face la plus visible.

2008 : l'accord de paix de Goma

Les partisans de Nkunda décident de participer aux négociations, mais quittent la conférence de Goma le 10 janvier 2008, après la tentative d'arrestation de l'un d'entre eux[41]. Ils reviennent cependant à la table des négociations[42].

Les pourparlers se déroulent jusqu'au 21 janvier 2008[43], et un accord est presque trouvé le 21 janvier 2008[44]. Il est finalement reporté au 23 janvier malgré des discussions liées aux cas de crimes de guerre[45]. Le traité de paix est finalement signé le 23 janvier, et inclut une déclaration de cesser-le-feu immédiat, un retrait du Nord-Kivu des troupes de Nkunda, le retour au village de milliers de civils, et l'immunité des forces de Nkunda[46].

Ni les Forces démocratiques pour la Libération du Rwanda ni le gouvernement du Rwanda n'ont pris part aux discussions, ce qui pourrait hypothéquer la valeur de l'accord[47,48].

En mai 2008, l'accord de paix tient toujours, mais n'a pas empêché des combats entre les forces de FARDC et FDLR, et les civils continuent à être victimes d'atrocités[49].

En octobre 2008, à la suite de nouvelles attaques de Nkunda, une internationalisation du conflit se profile[50].

Le 28 octobre, la ville de Rutshuru est menacée par les rebelles. Goma est également assiégée et attaquée, ce qui motive une intervention d'hélicoptères de la MONUC contre les rebelles[51]. La ville est cependant abandonnée par les troupes gouvernementales le 29 octobre[52].

2009 et années suivantes

À la suite d'un retournement surprise d'alliance, les gouvernements rwandais et congolais lancent une opération militaire combinée le 22 janvier 2009 menant à l'arrestation de Laurent Nkunda au Rwanda le 22 janvier au soir[53].

Le 23 mars 2009, le CNDP (Congrès national pour la défense du peuple) signe un traité de paix avec le gouvernement dans lequel il accepte de devenir un parti politique en échange de la libération de ses prisonniers et d'une meilleure prise en compte de sa communauté de Tutsis congolais, notamment en donnant trois ministères au CNDP à la suite de l'élection présidentielle du Congo-Kinshasa de 2011.

Cet accord n'ayant pas été respecté selon lui, il se crée le M23[54] qui reprend les armes et prend en juillet 2012 le contrôle de deux villes, Bunagana et Rutshuru[55].

Dans la nuit du 4 au 5 novembre 2013, l'armée congolaise a chassé les combattants du M23 des dernières positions qu'ils occupaient dans les montagnes du Nord-Kivu, à la frontière du Rwanda et de l'Ouganda.

Motivation économique

Le ministre de la Communication de la RDC a dénoncé le soutien d'un « lobby » pillant les ressources minières de la RCD au CNDP. La principale ressource pillée est le coltan, un minerai de tantale servant à la fabrication d'électronique miniaturisée telle que les téléphones et ordinateurs portables[56,57].

Le sénateur Pere Sampol, du BLOC, a déclaré au cours de cette même conférence de presse que cette nouvelle guerre à l'Est du Congo « a été présentée comme un conflit ethnique ou tribal alors que [le] problème essentiel a été le contrôle par de grands groupes européens et étatsuniens des ressources naturelles du Congo ». « C'est juste au moment où le Congo a essayé d'établir des contrats commerciaux avec la Chine pour exploiter le cuivre et le coltan, avec des contrats beaucoup plus avantageux pour le Congo, que les multinationales, avec la complicité des grandes puissances internationales, ont provoqué ce conflit » a-t-il affirmé[58]. Militaires ou rebelles, quelles que soient leurs allégeances ou leurs ethnies, ont en commun le pillage de ces ressources pour les grands groupes occidentaux. Ces seigneurs de la guerre se sont en effet transformés en milices contrôlant chacune un territoire minier, leurs scissions politiques masquant en fait des différends commerciaux[55].

Chapitre 14

Rébellion du M23

Région du Nord Kivu en RDC

La **rébellion du M23** ou **mutinerie du M23** est une continuation du combat qui prend place au Nord-Kivu, dans le nord-est de la République démocratique du Congo, depuis la fin formelle de la guerre du Kivu de 2004 à 2009. En avril 2012, des soldats se sont mutinés contre le gouvernement congolais[4]. Des mutins ont formé un groupe de rebelles composé d'anciens membres du Congrès national pour la défense du peuple (CNDP) rebelle, appelé Mouvement du 23-Mars (M23). L'ancien commandant CNDP Bosco Ntaganda, alias « le terminateur », est accusé de commander la mutinerie[5,6].

Contexte

En mars 2009, le CNDP a signé un traité de paix avec le gouvernement, dans lequel il acceptait de devenir un parti politique en échange de la relaxe de ses membres en prison[7]. Une partie des rebelles fut intégrée dans l'armée régulière congolaise.

Le 4 avril 2012, il fut rapporté que Ntaganda et 300 membres des forces armées de la République démocratique du Congo avaient déserté et se sont heurtés aux forces gouvernementales dans la région de Rutshuru au nord de Goma[8].

Un rapport indique que des rebelles avaient reçu du soutien du Rwanda[9]. 25 membres rwandais de M23 se sont rendus aux forces armées congolaises comme partie d'un total de plus de 370 soldats du M23 qui sont rendus jusqu'ici[1].

Principaux événements

Combattants du M23 lors de la prise de Goma, 29 novembre 2012.

Le 6 juillet 2012, le M23 a attaqué la ville de Bunagana, à moins d'un kilomètre de la frontière avec l'Ouganda et l'a conquise. Près de 600 membres des troupes ont fui la frontière et ont accouru en Ouganda. Les rebelles annonçaient la fin de l'offensive, si le gouvernement acceptait d'engager des pourparlers de paix avec eux[10].

Après la mort d'un soldat de maintien de la paix indien, les Nations unies ont commandé des attaques contre les rebelles dans la région.

Un membre du M23 armé d'un FN FAL à côté d'un lance-roquette multiple Type 63 de 107 mm le 7 juillet 2012.

En juillet 2012 les rebelles conquièrent Rutshuru, à 70 kilomètres au nord de Goma. Au petit matin du 10 juillet, ils sont à 40 kilomètres de Goma même. Des témoins racontent que des rebelles ont apparemment conquis villes et villages sans rencontrer de résistance de la part des forces armées gouvernementales[11]. De la même façon, les villes de Rubare et Ntamugenga tombent sous le contrôle des rebelles[12].

Le 20 juillet 2012, le M23 et des forces armées gouvernementales échangent des tirs autour de Kibumba et Rugari, ce qui force des milliers de civils à fuir en direction de Goma. Des hélicoptères d'attaque des Nations unies étaient aperçus en route pour le front. La situation sécuritaire dans l'est du Congo se détériore rapidement[13].

Le 21 juillet 2012, le gouvernement des États-Unis annonce la diminution de son aide militaire pour le Rwanda[14]. Le rapporteur des crimes de guerre des États–Unis, Stephen Rapp signale que les autorités rwandaises seront inculpées de « soutien et incitation » à des crimes de guerre : « D'après le droit international, il y a une limite au-delà de laquelle on peut être rendu responsable, d'avoir aidé un groupe à commettre des atrocités »[15].

Malgré les mises en cause d'utilisation du conflit à des fins de profits économiques, via l'exploitation illégale du coltan[16], le Rwanda a nié les rapports experts des Nations Unies et des groupes de défense des droits de l'Homme, selon lesquels il soutiendrait les rebelles, dont le groupe M23. Ce dernier, a conquis des parties de la province du Nord – Kivu ce qui a entrainé le déplacement de 260 000 personnes depuis avril[14].

Après une trêve de plusieurs mois, les combats reprennent et, le 20 novembre, les rebelles du M23 prennent le contrôle de Goma et de ses alentours, après près de cinq jours de combats. L'armée congolaise se retire à Sake. Les rebelles demandent une négociation directe avec le président Kabila pour rétablir la paix en RDC[17].

Le 24 novembre 2012, les dirigeants africains se réunissent à Kampala pour discuter et trouver des solutions au conflit. Par ailleurs, depuis la prise de Goma, de nombreuses négociations ont eu lieu entre les présidents ougandais, congolais et rwandais[18].

Le Conseil de sécurité des Nations unies a approuvé le 28 mars 2013 par la résolution 2098 la création d'une brigade d'intervention au sein de la MONUSCO chargée de « mener des opérations offensives ciblées » contre les groupes d'insurgés dans l'est de la République démocratique du Congo[19].

Cette brigade d'intervention ((**en**) : Force Intervention Brigade, FIB) a un effectif autorisé de 3 069 casques bleus provenant d'Afrique du Sud, de Tanzanie et du Malawi[20].

À partir du 1ᵉʳ août 2013, avec les forces congolaises régulières et la brigade de l'ONU du Nord-Kivu, elle établit une zone de sécurité à Goma et dans les localités situées au nord de la ville[21].

Le 7 mars 2013, lors d'un congrès de la rébellion, l'ancien porte-parole Bertrand Bisimwa est nommé président du M23 à la place de Jean-Marie Runiga. Le clan de Runiga contestant cette décision, des combats ont ensuite éclaté entre les deux factions, dans la région de Rugari. Selon Radio Okapi[22], la radio de la Monusco, il y aurait eu 5 morts et des blessés civils.

Dissolution du mouvement armé

À partir du 25 octobre 2013[23], les forces congolaises appuyées par une brigade d'intervention de l'ONU lancent une offensive avec des moyens lourds : plus de 3 600 militaires congolais déployant des chars T-55 et des véhicules de combat d'infanterie BMP-2 et la brigade de la force d'intervention de la MONUSCO appuyé par de l'artillerie, des Mi-35 de l'armée ukrainienne, trois Denel AH-2 Rooivalk de la force aérienne sud-africaine (qui interviennent à partir du 4 novembre)[24]lancent une offensive générale[25] dans la zone de 700 km² contrôlée par le M23.

Dans la nuit du 4 au 5 novembre 2013, l'armée congolaise chasse les combattants du M23, au nombre de 400 à 450, des dernières positions qu'ils occupaient dans les montagnes du Nord-Kivu, à la frontière du Rwanda et de l'Ouganda. Les pertes sont selon l'armée congolaise de 292 morts dans les rangs du M23.

Le 5 novembre, le M23 déclare qu'elle dépose les armes[26] et deux jours plus tard, environ 1 600 membres du M23 se rendent aux autorités de l'Ouganda[27]. Après l'échec de l'élaboration d'un premier document commun sur un accord début novembre, la RDC et le M23 signent le 12 décembre à Nairobi un accord de paix qui confirme la dissolution du M23, définit les modalités de la démobilisation et conditionne à l'abandon de la violence la reconnaissance des droits de ses membres[28].

Chapitre 15

Troisième République (RDC)

La **Troisième République du Congo**, officiellement **République démocratique du Congo**, a officiellement débuté le 18 février 2006 avec la promulgation de la Constitution approuvée par le référendum du 18 décembre 2005. Le résultat avait été validé par la Cour Suprême le 4 février 2006.

Certaines des dispositions précédemment établies sous le Gouvernement de transition, le régime en vigueur précédemment depuis le 30 juin 2003, restent provisoirement d'application jusqu'à mise en œuvre des dispositions de la Constitution.

Chronologie

2006

- 18 février : promulgation de la Constitution de la Troisième République
- 30 juillet : premier tour de l'élection présidentielle

- 20 août : publication des résultats provisoires du premier tour de l'élection présidentielle par la Commission électorale indépendante. Première altercation entre les forces de Kabila et Bemba
- 31 août : publication des résultats officiels du premier tour de l'élection présidentielle par la Commission électorale indépendante. Joseph Kabila et Jean-Pierre Bemba accèdent au second tour.
- 29 octobre : second tour de l'élection présidentielle
- 11 novembre : Deuxième altercation entre les forces de Kabila et Bemba
- 15 novembre : publication des résultats provisoires de l'élection présidentielle par la Commission électorale indépendante
- 27 novembre : proclamation des résultats officiels de l'élection présidentielle par la Commission électorale indépendante. Joseph Kabila déclaré vainqueur
- 6 décembre : prestation de serment du nouveau Président de la République, Joseph Kabila
- 30 décembre : nomination d'Antoine Gizenga comme Premier-ministre

2007

- 19 janvier : élection sénatoriale

- 20 janvier : publication des résultats provisoires de l'élection sénatoriale par la Commission électorale indépendante

- début février : émeutes dans le Bas-Congo
- 6 février : formation du Gouvernement dirigé par Antoine Gizenga
- 22 mars : Troisième altercation entre les forces de Kabila et Bemba
- 11 avril : Jean-Pierre Bemba quitte le pays
- 1er août : Mort subite de Samba Kaputo, principal collaborateur du Président Joseph Kabila
- 6 septembre : reprise en main de la région de Sake au Nord-Kivu par la MONUC suite aux altercations depuis fin août entre l'armée régulière et les troupes de Laurent Nkunda. Les affrontements provoquent l'exode de milliers de réfugiés.

Chapitre 16

Histoire des divisions administratives de la République démocratique du Congo

État indépendant du Congo

1888

11 districts :

- Banana
- Boma
- Matadi
- Cataractes
- Stanley pool
- Stanleyfalls (actuel kisangani)
- Kasaï
- Ubangui
- Uelé (actuel nord province orientale)
- Lualaba (actuel Katanga)

1895

15 districts :

- Boma
- Banana
- Matadi
- Cataractes
- Stanley pool
- Kwango
- lac Léopold II
- Équateur
- Ubangui
- Bangala
- Uelé
- Aruwimi
- Stanleyfalls
- Kasaï
- Lualaba

Congo belge

1914

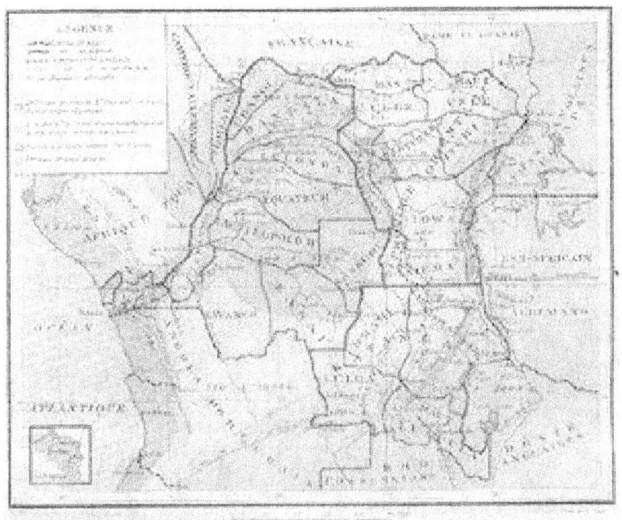

Divisions administratives du Congo belge en 1914

22 districts

Le Gouvernement siégeait à Boma (**B**), et deux vice-Gouvernement siégeaient à Stanleyville (**S**) et Élisabethville (**E**).

- Aruwimi (Capitale : Basoko) - **O**
- Bangala (Capitale : Lisala) - **B**
- Bas-Congo (Capitale : Boma) - **B**
- Bas-Uele (Capitale : Buta) - **O**
- Équateur (Capitale : Cocquilhatville) - **B**
- Haut-Luapula (Capitale : Kambove) - **K**
- Haut-Uele (Capitale : Bambili) - **O**
- Ituri (Capitale : sans) - **O**

- Kasai (Capitale : Luebo) - **B**
- Kivu (Capitale : sans) - **O**
- Kwango (Capitale : Bandundu) - **B**
- Lac Leopold II (Capitale : Inongo) - **B**
- Lomami (Capitale : Kabinda) - **K**
- Lowa (Capitale : sans) - **O**
- Lulonga (Capitale : Basankusu) - **B**
- Lulua (Capitale : Kafakumbu) - **K**
- Maniema (Capitale : sans) - **O**
- Moyen-Congo (Capitale : Léopoldville) - **B**
- Sankuru (Capitale : Lusambo) - **B**
- Stanleyville (Capitale : Stanleyville) - **O**
- Tanganika-Moero (Capitale : Kongolo) - **K**
- Ubangi (Capitale : Libenge) - **B**

1924

4 provinces :

- Congo-Kasaï
- Équateur
- Katanga
- Province Orientale

1935

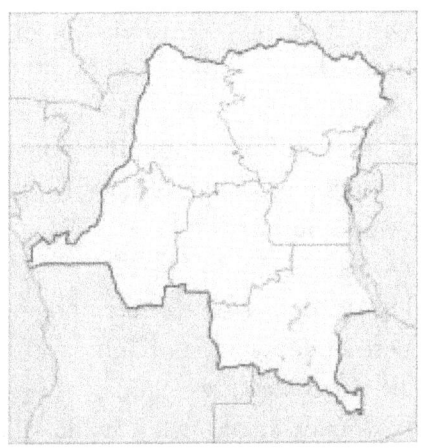

Provinces de 1935 à 1963

6 provinces

- Cocquilhatville (*Équateur* après 1947)
    - District du Congo-Ubangi - Lisala
    - District de l'Équateur - Cocquilhatville
    - District de Tshuapa - Boende
- Élisabethville (*Katanga* après 1947)
    - District du Haut Katanga - Élisabethville
    - District du Lualaba - Jadotville
    - District du Haut Lomami - Kamina
    - District du Tanganika - Albertville
- Constermansville (*Kivu* après 1947)
    - District du Kivu Nord - Goma
    - District du Kivu Sud - Bukavu
    - District du Maniéma - Kindu
- Léopoldville

- District du Moyen-Congo - Léopoldville
- District du Bas-Congo - Boma
- District du Lac Léopold II - Inongo
- District du Kwango - Kikwit
- Lusambo (*Kasaï* après 1947)
  - District du Kasaï - Luebo
  - District du Sankuru - Lusambo
  - District de Kabinda - Kabinda
- Stanleyville (*Orientale* après 1947)
  - District de Stanleyville - Stanleyville
  - District du Bas-Uele - Buta
  - District du Haut-Uele - Paulis
  - District de l'Ituri - Bunia

Première république

1963

21 provinces (dites *provincettes*) et Léopoldville

- Congo-Central (Capitale : Matadi)
- Cuvette-Centrale (Capitale : Cocquilhatville, aujourd'hui Mbandaka)
- Haut-Congo (Capitale : Stanleyville, aujourd'hui Kisangani)
- Katanga-Oriental (Capitale : Élisabethville, aujourd'hui Lubumbashi)
- Kibali-Ituri (Capitale : Bunia)
- Kivu-Central (Capitale : Bukavu)
- Kwango (Capitale : Kenge)

- Kwilu (Capitale : Kikwit)
- Léopoldville (Capitale : Léopoldville, aujourd'hui Kinshasa)
- Lomami (Capitale : Kabinda)
- Lualaba (Capitale : Kolwezi)
- Luluabourg (Capitale : Luluabourg, aujourd'hui Kananga)
- Mai-Ndombe (Capitale : Inongo)
- Maniema (Capitale : Port-Empain, aujourd'hui Kindu)
- Moyen-Congo (Capitale : Lisala)
- Nord-Katanga (Capitale : Albertville, aujourd'hui Kalemie)
- Nord-Kivu (Capitale : Luofu)
- Sankuru (Capitale : Lodja)
- Sud-Kasai (Capitale : Bakwanga)
- Ubangi (Capitale : Gemena)
- Uele (Capitale : Paulis, aujourd'hui Isiro)
- Unité-Kasaïenne (Capitale : Tshikapa)

1966

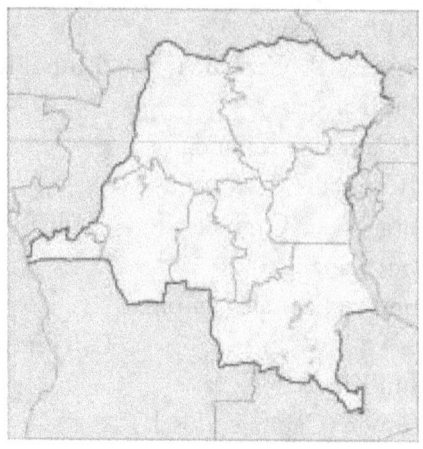

Provinces de 1966 à 1988

8 provinces et Kinshasa

- Bandundu
- Congo-Central
- Équateur
- Orientale
- Kasaï-Occidental
- Kasaï-Oriental
- Kinshasa
- Kivu
- Katanga

Deuxième République

1971

La province du Katanga devient le Shaba, la province du Congo-Central devient la province du Bas-

Zaïre et la province Orientale devient la province du Haut-Zaïre.

1988

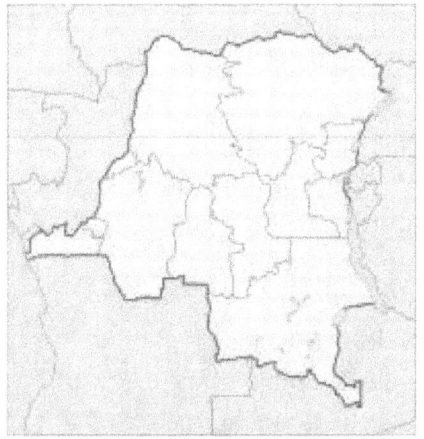

Provinces de 1988 jusqu'à la 3ᵉ république

La province du Kivu est divisée en les provinces du Nord-Kivu, du Sud-Kivu et du Maniema

1997

La province du Shaba redevient le Katanga, la province du Bas-Zaïre devient la province du Bas-Congo et la province du Haut-Zaïre devient la province du Haut-Congo puis la province Orientale. Jusqu'à 2015, le découpage administratif comprend donc 10 provinces et Kinshasa, district urbain jusqu'en 1975 puis statut de ville-province.

- Bandundu
    - ville de Bandundu
    - ville de Kikwit
    - district du Kwilu
    - district du Kwango
    - district de Mai-Ndombe
    - district de Plateaux
- Bas-Congo
    - ville de Matadi
    - district de la Lukaya
    - district du Bas-Fleuve
    - district des Cataractes
- Équateur
    - ville de Mbandaka
    - ville de Zongo
    - ville de Gbadolite
    - district de l'Équateur
    - district de la Tshuapa
    - district de la Mongala
    - district du Nord-Ubangi
    - district du Sud-Ubangi
- Kasaï-Occidental
    - ville de Kananga
    - ville de Tshikapa
    - district de la Lulua
    - district du Kasaï
- Kasaï-Oriental
    - ville de Mbuji-Mayi
    - ville de Mwene-Ditu
    - district de Kabinda
    - district de Sankuru

- district de Tshilenge
- Katanga
  - ville de Lubumbashi
  - ville de Kolwezi
  - ville de Likasi
  - district du Haut-Katanga
  - district du Haut-Lomami
  - district du Tanganyika
  - district du Lualaba
- Kinshasa (depuis 1975)
- Maniema
  - ville de Kindu
  - région
- Nord-Kivu
  - ville de Goma
  - ville de Butembo
  - région
- Orientale
  - ville de Kisangani
  - district du Bas-Uele
  - district du Haut-Uele
  - district de la Tshopo
  - district de l'Ituri
- Sud-Kivu
  - ville de Bukavu
  - ville de Baraka

Troisième république

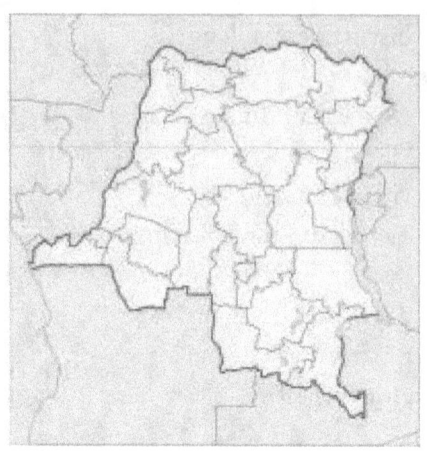

Provinces de la 3ᵉ république

La Constitution de 2005 (article 2) prévoit la ville de Kinshasa et 25 autres provinces. Les provinces du Bas-Congo (rebaptisée Kongo central), de Kinshasa, du Maniema, du Nord-Kivu, du Sud-Kivu ne devraient pas voir leurs limites géographiques évoluer. Les provinces du Bandundu, de l'Équateur, du Kasaï-Occidental, du Kasaï-Oriental, du Katanga et Orientale devraient par contre être divisées selon les limites de leurs sous-régions et reprendre certaines des appellations de provinces établies dans les années 1960.

- Bas-Uele
- Équateur
- Haut-Lomami
- Haut-Katanga
- Haut-Uele

- Ituri
- Kasaï
- Kasaï-Oriental
- Kongo central
- Kwango
- Kwilu
- Lomami
- Lwalaba
- Kasaï-Central
- Mai-Ndombe
- Maniema
- Mongala
- Nord-Kivu
- Nord-Ubangi
- Sankuru
- Sud-Kivu
- Sud-Ubangi
- Tanganyika
- Tshopo
- Tshuapa
- Kinshasa

Cette division en 26 provinces est effective depuis 2015.

Bibliographie, notes et références

Chapitre 1 - Histoire de la République démocratique du Congo

Notes et références

1. Bernard Clist, Découvertes archéologiques en République démocratique du Congo (pdf)
2. David Van Reybrouck, *Congo. Een geschiedenis*, 2010 (trad. française : *Congo. Une histoire*, Actes sud, 2012.)
3. **Erreur de référence : Balise <ref> incorrecte ; aucun texte n'a été fourni pour les références nommées David_Van_Reybrouck_2012.**
4. Isidore Ndaywel è Nziem, Théophile Obenga, Pierre Salmon, *Histoire générale du Congo: de l'héritage ancien à la république démocratique*, p. 515
5. Isidore Ndaywel è Nziem, Théophile Obenga, Pierre Salmon, *Histoire générale du Congo: de l'héritage ancien à la république démocratique*, p. 518
6. Isidore Ndaywel è Nziem, Théophile Obenga, Pierre Salmon, *Histoire générale du Congo: de l'héritage ancien à la république démocratique*, p. 519-520

7. Isidore Ndaywel è Nziem, Théophile Obenga, Pierre Salmon, *Histoire générale du Congo: de l'héritage ancien à la république démocratique*, p. 537
8. Il écrit sur un tableau noir devant ses troupes « avant indépendance = après indépendance »
9. Isidore Ndaywel è Nziem, Théophile Obenga, Pierre Salmon, *Histoire générale du Congo: de l'héritage ancien à la république démocratique*, p. 571
10. Frank R. Villafana, *Cold War in the Congo: The Confrontation of Cuban Military Forces, 1960-1967*, Transaction Publishers, 2012, p. 24
11. Ludo de Witte, *L'assassinat de Lumumba*, Karthala éditions, 2000, p. 253-258
12. *Mobutu roi du Zaïre*, film documentaire de Thierry Michel, 1999
13. Gauthier de Villers, *De Mobutu à Mobutu: trente ans de relations Belgique-Zaïre*, De Boeck Supérieur, 1995, p. 33
14. Les années Mobutu (1965-1989): l'accroissement exponentiel d'une dette odieuse
15. Jean-Claude Willame, *Zaïre : L'épopée d'Inga, Chronique d'une prédation industrielle*, Paris, L'Harmattan, 1986
16. Le barrage d'Inga, l'exemple emblématique d'un éléphant blanc p. 22-26
17. Crawford Young, Thomas Edwin Turner, *The Rise and Decline of the Zairian State*, 1985, p. 256-257

18. Crawford Young, Thomas Edwin Turner, *The Rise and Decline of the Zairian State*, 1985, p. 257-258
19. Ngimbi Kalumvueziko, *Congo-Zaïre: Le destin tragique d'une nation*, L'Harmattan, 2013, p. 179
20. Kambayi Bwatshia, *L'illusion tragique du pouvoir au Congo-Zaïre*, L'Harmattan, 2007, p. 148-149
21. Ngimbi Kalumvueziko, *Congo-Zaïre: Le destin tragique d'une nation*, L'Harmattan, 2013, p. 181-189
22. David Van Reybrouck, *Congo. Een geschiedenis*, 2010 (trad. française : *Congo. Une histoire*, Actes sud, 2012)
23. Ngimbi Kalumvueziko, *Congo-Zaïre: Le destin tragique d'une nation*, L'Harmattan, 2013, p. 195
24. Ngimbi Kalumvueziko, *Congo-Zaïre: Le destin tragique d'une nation*, L'Harmattan, 2013, p. 201
25. Filip Reyntjens, *The Great African War: Congo and Regional Geopolitics, 1996-2006*, Cambridge University Press, 2009
26. La guerre n'oppose pas deux camps bien circonscrits ; les méchants et les victimes ne se distinguent pas facilement. David Van Reybrouck, *Congo. Een geschiedenis*, 2010 (trad. française : *Congo. Une histoire*, Actes sud, 2012)

27. "RD Congo : 24 morts depuis l'annonce du résultat de l'élection présidentielle", *Human Rights watch*, 22 décembre 2011

Ce document provient de
« https://fr.wikipedia.org/w/index.php?title=Histoir e_de_la_République_démocratique_du_Congo&oldid= 131676983 ».

Chapitre 2 - Histoire du Congo précolonial (RDC)

Bibliographie

- Bequaert, M., *La Préhistoire du Congo-Belge*, Encyclopédie du Congo belge, 1950, t. 1, p. 45-77.
- Bequaert, M. *La Préhistoire congolaise*, Zooléo, 1955, n° 30, 1, p. 3-7.

Références

1. David Van Reybrouck, *Congo. Une histoire.* [« Congo. Een geschiedenis. »], Paris, Actes Sud, 2012, 711 p. (ISBN 9782330009304), p. Voir chap.1.
2. A. de Maere d'Aertrycke, A. Schorochoff, P. Vercauteren, A.Vleurinck, *Le Congo au temps des Belges*, Bruxelles, Masoin, 2011, 319 p. (ISBN 9782872020232), p.106.

3. « Compilhistoire - Cannibalisme, anthropophagie, hémophagie, vampirisme, placentophagie », sur *compilhistoire.pagesperso-orange.fr* (consulté le 28 juin 2016)
4. H. Stanley (trad. de l'anglais), *Cinq années au Congo; 1879-1884*, Paris, Maurice Dreyfus, 643 p.
5. Roelens Monseigneur, *Notre vieux Congo 1891-1917*, Namur, Col.Lavigerie, 1948, p. Cité dans l'ouvrage de de Maere, d'Aetrycke, Schorochoff, Vercauteren et Vleurinck, p.97.
6. Site de présentation du huitième successeur du roi Msiri.

Ce document provient de « https://fr.wikipedia.org/w/index.php?title=Histoire_du_Congo_précolonial_(RDC)&oldid=130712776 ».

Chapitre 3 - Colonisation du Congo

Bibliographie

- De Lannoy, C., *L'organisation coloniale belge*, Bruxelles, 1913.
- De Schaetzen, A., *Origine des missions belges au Congo*, Anvers, 1937.
- Deschamps, H., *Histoire générale de l'Afrique noire (des origines à 1800)*, Paris, PUF, t. 1, 1970; t- 2, 1971.
- Desonay, P., *Léopold II, ce géant*, Tournai, 1936.

Ce document provient de « https://fr.wikipedia.org/w/index.php?title=Colonisation_du_Congo&oldid=128925297 ».

Chapitre 4 - Etat indépendant du Congo

Bibliographie

- Georges Blanchard, *Formation et constitution politique de l'État indépendant du Congo*, Paris, Pedone, 1899.
- François Bontinck, *Aux origines de l'État indépendant du Congo. Documents tirés d'archives américaines*, Louvain-Paris, Nauwelaerts, 1966.
- François Bontinck, *La Genèse de la Convention entre le Saint Siège et l'EIC*, Église catholique, 1981, p. 261-303.
- Baron Émile de Borchgrave, « Les origines de l'État indépendant du Congo », dans *Bulletin de la Classe des Lettres et Sciences morales de l'Académie royale de Belgique*, 1919, p. 169-174.* André-Bernard Ergo, *Des bâtisseurs aux contempteurs du Congo Belge. L'Odyssée coloniale*, Paris, L'Harmattan, 2005.
- Félicien Cattier, *La Situation de l'État indépendant du Congo*, Bruxelles-Paris, 1906, 362 p. – Rééd. : Kessinger, 2009, 376 p.
- José Clément, Antoine Lambrighs, Maurice Lenain, et al., *La Colonisation belge, une grande aventure*, Bruxelles, Gérard Blanchart, 2004.

- Vincent Dujardin, Valérie Rosoux, Tanguy de Wilde d'Estmael, *Léopold II, entre génie et gêne. Politique étrangère et colonisation*, Racine, 2009, 412 p. (ISBN 978-2-87386-621-1).
- André-Bernard Ergo, *L'Héritage de la Congolie. Naissance d'une nation en Afrique centrale* Paris, L'Harmattan, 2007.
- André-Bernard Ergo, *L'État indépendant du Congo (1885-1908). D'autres vérités*, Paris, L'Harmattan, 2013.
- Marcel-Sylvain Godfroid, *Le Bureau des reptiles* (roman), Weyrich, 2013, 530 p.
- Adam Hochschild, *Les Fantômes du roi Léopold. Un holocauste oublié*, Belfond, 1998, 440 p.
- Georges Hostelet[56], *L'Œuvre civilisatrice de la Belgique au Congo, de 1885 à 1953*, Mémoire de l'Académie royale des Sciences morales et politiques, 1954, t.XXXVII, fasc.1 et 2 512 & 411 pl. cartes dans et hors-texte.
- Institut royal colonial belge, *Biographie coloniale belge. Tome I*, Bruxelles, Falk, 1948, 1022 p.
- Institut royal colonial belge - *Biographie coloniale belge. Tome II*, Bruxelles, Hayez, 1951, 1034 p.
- Guy Vanthmesche, *La Belgique et le Congo. Empreintes d'une colonie (1885-1980)*, Complexe, 2007.
- Alphonse-Jules Wauters, *L'État indépendant du Congo. Historique - Géographie physique - Ethnographie - Situation économique -*

Organisation politique, Bruxelles, Falk fils, 1899 disponible sur *Gallica*.

Notes et références

1. État indépendant du Congo, *Bulletin officiel du Congo*, années 1885 et 1886.
2. Jean Stengers, *La Fondation de l'État indépendant du Congo*, Liège, Université de Liège, coll. « L'Histoire aujourd'hui », p. 5.
3. Notice biographique Francis de Winton, Académie Royale des Sciences d'Outre-Mer.
4. Isidore Ndaywel è Ziem est président de la Société des historiens congolais, professeur ordinaire au département des sciences historiques de l'université de Kinshasa, membre correspondant de l'Académie royale des sciences d'outre-mer à Bruxelles, chercheur au centre des mondes africains de l'université Paris I la Sorbonne.
5. Isidore Ndaywel è Ziem, *Nouvelle histoire du Congo*, Le Cri - Afrique Éditions, p. 297.
6. *Bulletin officiel de l'État indépendant du Congo*, n° 2, 1885.
7. Octave Louwers, *Éléments du droit de l'État indépendant du Congo*, Bruxelles, M. Weissenbruch, 1907, p. 23. - En ligne sur Internet Archive.
8. *Bulletin officiel du Congo belge*, n° 1, 1885.
9. A. de Maere d'Aertrycke, A. Schorochoff, P. Vercauteren, A.Vleurinck, *Le Congo au temps*

des Belges, Bruxelles, Masoin, 2011, 319 p. (ISBN 9782872020232), p. Cfr p.127.
10. Ndaymel è Nziem, *Histoire générale du Congo. De l'héritage ancien à la République démocratique*, p. 325.
11. Il s'agit ici de caoutchouc dit « sauvage », récolté sur des lianes dans les forêts, parfois loin des habitats des cueilleurs
12. Jules Marchal, *E.D. Morel contre Léopold II. L'Histoire du Congo, 1900-1910*, vol.1, Paris, L'Harmattan, p. 241.
13. Année de sa démission de ses fonctions d'officier d'ordonnance du roi Léopold II
14. Cité par Georges Defauwes dans *Albert Thys. De Dalhem au Congo*, p. 33.
15. Ouvrage cité, p. 246.
16. M. Vandervelde cita à la tribune cette lettre signée du commissaire général du district de l'Uellé, M. Verstraeten : « Messieurs les chefs de poste de la zone Rubi-Uellé, j'ai l'honneur de porter à votre connaissance qu'à partir du 1er janvier 1899, il faut arriver à fournir mensuellement 4 000 kilogrammes de caoutchouc. À cet effet, je vous donne carte blanche. Vous avez donc deux mois pour travailler vos populations. Employez d'abord la douceur et, s'ils persistent à ne pas accepter les impositions de l'État, employez la force des armes »
17. Jules Marchal, *E.D. Morel contre Léopold II. L'Histoire du Congo, 1900-1910*, vol.1, p. 299.

18. Edouard Van Der Smissen, *Léopold II et Beernaert, d'après leur correspondance inédite*, t.1, p. 286.
19. Jean Stengers estime la fortune du roi à 50 millions de francs-or, avec une rente d'un million de francs-or grâce à un portefeuille d'actions de 25 à 30 millions, ce à quoi s'ajoutait des revenus immobiliers qu'il estime à 200 000 francs-or environ. Jean Stengers, *La Fondation de l'État indépendant du Congo*, Liège, Université de Liège, coll. « L'Histoire aujourd'hui », p. 8.
20. D'après le *Bulletin officiel de l'État indépendant du Congo*, les recettes provenaient exclusivement des droits de sortie et des amendes, des droits d'enregistrement des propriétés foncières et autres taxes, de la vente et de la location des terres, des recettes postales et de recettes diverses. Pour les années 1887, 1889 et 1890, autour de 2 et 3 millions de francs-or, mais toujours en progression constante.
21. A.-J. Wauters, *Histoire politique du Congo belge*, Pierre Van Fleteren, 1911, p. 92.
22. Décrets de l'EIC non publiés au BO, publié par le Ministère des AE et du Commerce extérieur, AA, Doc 2.
23. A.-J. Wauters, *Histoire politique du Congo belge*, Pierre Van Fleteren, 1911, p. 90.
24. Voir la grande enquête en deux volumes de Jules Marchal, *E.D. Morel contre Léopold II.*

L'Histoire du Congo, 1900-1910, Paris, L'Harmattan.
25. Arthur Conan Doyle, *Le Crime du Congo belge*, Les Nuits rouges, p. 76.
26. Edmond Picard, *En Congolie*, Bruxelles, Paul Lacomblez, 1896, p. 185-186.
27. Edmond Picard, *En Congolie*, Bruxelles, Paul Lacomblez, 1896, p. 198.
28. « Public Record Office », Kew-London, Foreign Office, 403/404, cité par Jules Marchal, *E.D. Morel contre Léopold II. L'Histoire du Congo, 1900-1910*, vol.1, p. 181.
29. Arthur Conan Doyle, *Le Crime du Congo belge*, Les Nuits rouges, p. 77.
30. Arthur Conan Doyle, *Le Crime du Congo belge*, Les Nuits rouges, p. 63.
31. Arthur Conan Doyle, *Le Crime du Congo belge*, Les Nuits rouges, p. 89.
32. L. Ranieri, *Les Relations entre l'EIC et l'Italie*, Bruxelles, 1959.
33. Ne pas confondre avec son homonyme professeur à l'U.L.B., ministre d'État, né en 1891.
34. Willequet, *Le Congo Belge et la Welpolitik*, 1962, p. 107.
35. Jules Marchal, *E.D. Morel contre Léopold II. L'Histoire du Congo, 1900-1910*, vol.1, p. 316.
36. *Rapport Casement*, Centre d'Histoire de l'Afrique - Université catholique de Louvain, coll. « Enquêtes et documents d'histoire africaine, n° 6 », 1985.

37. *Congo Print, Confidential*, 12 décembre 1903, section 1.
38. *Correspondence and Report from His Majesty's Consul at Boma Respecting the Administration of the Independent State of the Congo.*
39. D. Vangroenweghe, *Rapport Casement*, Centre d'Histoire de l'Afrique - Université Catholique de Louvain, coll. « Enquêtes et documents d'histoire africaine, n° 6 », 1985, p. 2.
40. « Des expéditions punitives étaient jugées fréquemment nécessaires pour dresser les indigènes à la docilité et pour leur extorquer du caoutchouc et autres denrées. Tant de cartouches étaient allouées, et les neuves devaient être rapportées. Quant aux autres, il fallait justifier de leur bon usage. Une main droite était considérée comme probante. Six mille mains, certaines prélevées sur le vif faute de morts, furent le fruit de six mois d'action sur le Momboyo », J.-J. Mayoux, *Introduction à Joseph Conrad, "Au cœur des ténèbres"*, Paris, GF-Flammarion, 1999, (ISBN 2-08-070530-X), p. 22.
41. Conan Doyle, *Le Crime du Congo belge*, Les Nuits rouges, p. 118.
42. Conan Doyle, *Le Crime du Congo belge*, Les Nuits rouges, p. 119.
43. Jules Marchal, *E.D. Morel contre Léopold II. L'Histoire du Congo, 1900-1910*, vol.1, p. 203.

44. D. Vangroenweghe, Centre de l'Histoire de l'Afrique, Université de Louvain, n° 6, 1985, p. 23-24.
45. Jules Marchal, *E.D. Morel contre Léopold II. L'Histoire du Congo, 1900-1910*, vol.1, p. 291 ; voir toute la page 291 pour de plus amples précisions.
46. Il s'agit aussi du travail de la Commission des XXI chargée de l'Examen de la cession du Congo à la Belgique.
47. L. Guebels, *Relation complète des travaux de la commission permanente pour la protection des indigènes*, Elisabethville, 1954, p. 196-197.
48. Adam Hochschild, *Les Fantômes du roi Léopold*, Texto, p. 386.
49. Stanley, *The Congo and the Founding of Its Free State*.
50. A.-J. Wauters, *Histoire politique du Congo belge*, 1911, p. 246-247.
51. Voir l'article sur la Société anversoise de commerce au Congo
52. Cité par Jules Marchal, *E.D. Morel contre Léopold II. L'Histoire du Congo, 1900-1910*, vol.1, p. 189.
53. E. Carton de Wiart, *Léopold II. Souvenirs des dernières années. 1901-1909*, Bruxelles, Goemare, 1944, p. 216-217.
54. Cité par André-Bernard Ergo, dans *Le Congo Belge une colonie assassinée*, Paris, L'Harmattan, p. 54.

55. Bernard Lugan, *Pour en finir avec la colonisation*, p. 178.
56. Ancien directeur de l'Institut de Sociologie Solvay.

Ce document provient de « https://fr.wikipedia.org/w/index.php?title=État_indépendant_du_Congo&oldid=132728401 ».

Chapitre 5 - Congo belge

Notes et références

1. H. de Béco, « Léopold II: un roi injustement dénigré », sur *ordersofleopold2.be*, p. 2
2. ALEXIS DE CROMBRUGGHE, « Le Congo sous Léopold II, réalité et fiction », sur *www.lalibre.be* (consulté le 25 juin 2016)
3. A. de Maere d'Aertrycke, A. Schorochoff, P. Vercauteren, A.Vleurinck, *Le Congo au temps des Belges*, Bruxelles, Masoin, 2011, 319 p. (ISBN 9782872020232), p. Voir le chapitre consacré à l'enseignement, appuyé de photos.
4. Bernard Lugan, « Le Congo belge, au cœur du continent noir », n° 9H, Automne-Hiver 2014, p. 32-34
5. « Planification de l'éducation : Cameroun; 1960 - unesdoc - Unesco », sur *unesdoc.unesco.org*, 1960, p. 18

6. « Belgique: histoire et conséquences linguistiques », sur *www.axl.cefan.ulaval.ca* (consulté le 28 juin 2016)
7. http://www.congo-1960.be/Document-2015-FR-ProblemScoloristaionCongoBelge.html
8. Liliane Kissimba, *Et Dieu créa le Congo*, Bernard Gilson, 2009
9. UROME, *La colonisation belge/Une grande aventure*, Gamma Press, 2006, 512 p. (ISBN 978-2930198088)
10. André Huybrechts, *Bilan économique du Congo 1908-1959*, L'Harmattan, 2010, 114 p. (ISBN 978-2-296-10448-8)
11. Jean Stengers, *Combien le Congo a-t-il coute a la Belgique?*, Bruxelles, Académie royale des sciences coloniales, 1957, 383 p.
12. « Congo retro : une colonie qui n'a rien couté à la Belgique », L'auteur montre que les Belges n'ont pas perdu, mais ne peut justifier qu'ils ont substantiellement gagné de la colonie. (consulté le 27 juin 2016)
13. Voir : Histoire de la Belgique, révolution industrielle.
14. Goupe du Vendredi/Génération Congo, *Réinventer les relations belgo-congolaises*, Bruxelles, Fondation Baudouin, 2014 (lire en ligne), p.28.
15. L'impact des idées socialistes est flagrant dans les écrits de Jean Van Lierde, mentor de Lumumba.

16. « 5-13 DÉCEMBRE 1958 : PREMIÈRE CONFÉRENCE PANAFRICAINE À ACCRA (GHANA) » (consulté le 28 juin 2016)
17. "Qui oubliera qu'à un noir on disait "tu", non certes comme à un ami, mais parce que le "vous" honorable était réservé aux seuls blancs" (Discours de Lumumba le 30 juin 1960)
18. Le discours de Lumumba du 30 juin 1960 exprime particulièrement bien toutes ces blessures.
Voir http://www.africultures.com/php/?nav=article&no=9826
19. Jean Van Lierde, *Patrice Lumumba, la dimension d'un tribun*, Bruxelles, MIR-IRG, 2000, p.5. C'est Van Lierde qui rendit possible la présence de Congolais à la conférence panafricaine d'Accra, où était présent aussi le leader non-violent Nkrumah
20. Jean Van Lierde, *La pensée politique de Patrice Lumumba*, Paris, Présence Africaine, 1963, p. Le livre a été préfacé par Jean-Paul Sartre.

Bibliographie

Ouvrages contemporains

- Calonne-Beaufaict, A., *La pénétration de la civilisation au Congo belge*, Bruxelles, 1912.
- Delcommune, A., *L'avenir du Congo belge menacé*, Bruxelles, 1919 (2ᵉ éd. en 1921).

- Halewyck, A., *La Charte coloniale*, Bruxelles, 1919, 3 vol.
- Delvaux, R., *L'organisation administrative du Congo belge*, Anvers, éd. Zaïre, 1945.
- Patrice Lumumba, *Le Congo, terre d'avenir est-il menacé ?*, Bruxelles, Office de Publicité S.A. 1961.

Ouvrages historiques

- Robert Cornevin, *Histoire du Zaïre*, Bruxelles, éd. Hayez, Paris, Acad. des Sciences d'Outre-Mer, 1989.
- Jean Stengers, *Congo, mythes et réalités*, Bruxelles, Racine, 2005.
- Guy Vanthemsche, *La Belgique et le Congo. empreintes d'une colonie (1885-1980)*, Complexe, 2007.
- Nathalie Tousignant, *Manifeste de Conscience Africaine, études*, Facultés Universitaires St-Louis, Bruxelles, 2009.
- Liliane Kissimba, *Et Dieu créa le Congo*, Bruxelles, éd. Bernard Gilson., 2010.
- Marie-France Cros et François Misser, *Géopolitique du Congo (RDC)*, Complexe, 2006.
- André-Bernard Ergo, *CONGO BELGE. La colonie assassinée*, Paris, éd. L'Harmattan, 2009
- Alain Bischoff, *Congo-Kinshasa, la décennie 1997-2007*, Paris, éd. du Cygne, 2008

- Oasis Kodila Tedika et Francklin Kyayima Muteba, Sources de la croissance en République démocratique du Congo d'avant Indépendance. Une analyse par la cointégration, *CRE Working paper*, n° 02/10, juin 2010 [PDF]
- David Van Reybrouck, *Congo, une histoire*, (*Congo. Een geschiedenis*), trad. d'Isabelle Rosselin, Arles, Actes Sud, 2012, 672 p. (ISBN 978-2-330-00930-4) - Prix Médicis essai 2012 - Prix du meilleur livre étranger 2012 - Prix Aujourd'hui 2013.

Filmographie

- *L'Oncle missionnaire, Mfumu Matensi*, film documentaire belge (2003)

Ce document provient de « https://fr.wikipedia.org/w/index.php?title=Congo_belge&oldid=132468554 ».

Chapitre 6 - Crise congolaise

Bibliographie

En français

- Bouvier, P., *L'accession du Congo-Belge à l'indépendance*, Bruxelles, ULB, 1965.

- Braeckman, C. et alii, *Congo-Zaïre : la colonisation, l'indépendance, le régime Mobutu et demain*, Bruxelles, GRIP, 1990.
- Gérard-Libois, J., *Sécession au Katanga*, Bruxelles, CRISP, 1963.

En anglais

- De Witte, Ludo. (2001) *The Assassination of Lumumba*, Verso. Publication of book resulted in Belgian parliamentary commission and official apology from Belgium for role in the assassination of Lumumba.
- Epstein, Howard (ed). (1974) *Revolt in the Congo, 1960-1964*, Armor Books. Essays by various authors.
- George Martelli, *Leopold to Lumumba : a history of the Belgian Congo, 1877-1960.*.
- Gondola, Ch. Didier. (2002) *The History of Congo*, Greenwood Press, ISBN 0-313-31696-1.
- Kanza, Thomas. (1979) *The Rise and Fall of Patrice Lumumba*, Schenkman.
- Legum, Colin. (1961) *Congo Disaster*, Penguin Books.
- Lemarchand, René, (1964) *Political Awakening in the Belgian Congo*, University of California Press.
- Lumumba, Patrice. (1962) *Congo, My Country*, Pall Mall Press. Speeches and selected writing by Lumumba.

- Weiss, Herbert. (1967) *Political Protest in the Congo: The Parti Solidaire Africain during the Independence Struggle*, Princeton University Press.
- Weissman, Stephen R. (1974) *American Foreign Policy in the Congo, 1960-1964*, Cornell University Press.

Notes et références

1. George Martelli, *Leopold to Lumumba : a history of the Belgian Congo, 1877-1960.*.
2. **(es)**Les Etats-Unis reconnaissent son implication dans le renversement de Lumumba

Ce document provient de « https://fr.wikipedia.org/w/index.php?title=Crise_congolaise&oldid=131814267 ».

Chapitre 7 - Zaïre

Bibliographie

- Guy Vanthmesche, *La Belgique et le Congo. empreintes d'une colonie (1885-1980)*, Complexe, 2007.
- Marie-France Cros et François Misser, *Géopolitique du Congo (RDC)*, Complexe, 2006.

Ce document provient de « https://fr.wikipedia.org/w/index.php?title=Zaïre&oldid=131104759 ».

Chapitre 8 - Zaïrianisation

Bibliographie

- Lukombe Nghenda, *Zaïrianisation, radicalisation, rétrocession en République du Zaïre : considérations juridiques*, Presses universitaires du Zaïre, Kinshasa, 1979, 399 p.

Notes et références

- Un exemple de la zaïrianisation de l'économie : le cas de Banque de Kinshasa

1. *Refonder l'idéal panafricaniste à l'aune de l'intellectualité symbolique de la musique*, Léon Tsambu Bulu. Conférence commémorative du trentième anniversaire de CODESRIA (2003).
2. Les années Mobutu (1965-1989):l'accroissement exponentiel d'une dette odieuse
3. Jean-Claude WILLAME, *Zaïre : L'épopée d'Inga, Chronique d'une prédation industrielle*, Paris, L'Harmattan, 1986
4. Le barrage d'Inga, l'exemple emblématique d'un éléphant blanc pp.22-26

Ce document provient de « https://fr.wikipedia.org/w/index.php?title=Zaïrianisation&oldid=132704819 ».

Chapitre 9 - Première guerre du Congo

Sources

1. "Passive Protest Stops Zaire's Capital Cold" par Lynne Duke, Washington Post Foreign Service, mardi 15 avril 1997; Page A14 ("Kabila's forces -- which are indeed backed by Rwanda, Angola, Uganda and Burundi, diplomats say -- are slowly advancing toward the capital from the eastern half of the country, where they have captured all the regions that produce Zaire's diamonds, gold, copper and cobalt.")
2. "Congo Begins Process of Rebuilding Nation" par Lynne Duke, Washington Post Foreign Service, mardi 20 mai 1997; Page A10 ("Guerrillas of Angola's former rebel movement UNITA, long supported by Mobutu in an unsuccessful war against Angola's government, also fought for Mobutu against Kabila's forces.")
3. « Criminalisation des Congolais de l'Est et des réfugiés hutu rwandais non génocidaires pour des intérêts des puissances occidentales », *La Conscience* 20 décembre 2005
4. « L'impossible enquête », *Le Monde diplomatique*, décembre 1997

5. « De nouvelles preuves sur des massacres dans l'ex-Zaïre », *Le Monde*, 10 octobre 1997
6. Rapport de la mission conjointe (A/51/942), sur le site des archives de la Commission des droits de l'homme des Nations unies, 2 juillet 1997
7. « Kabila devance les questions qu'on va lui poser en Europe », interview donné à Colette Braeckman pour le journal *Le Soir*, 19 novembre 1998.
8. « Rwanda : politique de terreur, privilège d'impunité », *Esprit*, août/septembre 2000

Ce document provient de « https://fr.wikipedia.org/w/index.php?title=Première_guerre_du_Congo&oldid=132533898 ».

Chapitre 10 - Liste des gouvernements de la République démocratique du Congo

Références

1. Composition du gouvernement de transition en République démocratique du Congo, congonline.com
2. Léger réaménagement technique du gouvernement de transition de RDC, AFP sur jeuneafrique.com, 11 juillet 2004
3. RD Congo : Nomination de neuf ministres au gouvernement, Archives politique, presse-francophone.org, janvier 2005

4. Avec la nomination hier de trois ministres et d'un vice-ministre Mlc, Le Potentiel, 18 février 2005.
5. Remaniement : la dictature des composantes , congo-actualites.net, 19 novembre 2005;

- Liste des gouvernements mobutistes de 60 à 90, deboutcongolais.info

Ce document provient de « https://fr.wikipedia.org/w/index.php?title=Liste_des_gouvernements_de_la_République_démocratique_du_Congo&oldid=127674306 ».

Chapitre 11 - Deuxième guerre du Congo

Notes

1. **(en)** « DR Congo war deaths 'exaggerated' », BBC News, 20 janvier 2010
2. BondaManJak, le 20 novembre 2008.
3. Le Journal Mediapart, le 10 octobre 2008.
4. *Le Quinzième jour du mois* n° 102 / mars 2001.
5. Ce nombre résulte de l'étude de démographes de la CEE envoyés au Congo en 2008 pour aider à la préparation des listes électorales La guerre en RDC n'a fait "que" 183.000 morts - 7/7 site d'information belge. « *L'organisation non gouvernementale américaine International Rescue Committee (IRC) avait à l'époque estimé que cette guerre avait fait "quatre millions de*

morts" au Congo. Si l'ONG précisait qu'il s'agissait principalement de victimes indirectes du conflit, elle ne comparait pas ce nombre avec celui des morts avant la guerre. Le chiffre de "quatre millions" a été repris par Kinshasa et, propagande de guerre oblige, se transforma en "nombre de tués" par l'Ouganda et le Rwanda, souligne La Libre Belgique, qui le compare au million de morts lors du génocide de 1994 au Rwanda (selon Kigali, l'ONU évoquant plutôt 800.000 victimes). »

6. Rapport de l'ONU sur les violences sexuelles commises dans le sud-Kivu en été 2007 : http://www.monuc.org/News.aspx?newsId=15062
7. Rapport final du Groupe d'experts sur l'exploitation illégale des ressources naturelles et autres formes de richesse de la République démocratique du Congo - ONU 2002
8. **(en)** James Rupert, « NATIONALIST OUTCRY THREATENS TUTSIS IN CONGO CAPITAL », The Washington Post, 1er octobre 1998
9. BBC News | Monitoring | Hate messages on East Congolese radio
10. International Crisis Group - Congo At War: A Briefing of t
11. HRW World Report 1999: Sudan: Human Rights Developments
12. Rapport de l'International Rescue Committee

Bibliographie

Rapports

- Amnesty International, *Dans l'est de la RDC sous contrôle rwandais : un désastre humain*, rapport du 19 juin 2001, index AI : AFR 62/011/01
- Id., *Le commerce du diamant dans les régions de la RDC tenues par le gouvernement*, Index AI : AFR 62/017/02
- Id., *République démocratique du Congo : enfants en guerre*, 9 septembre 2003, Index AI: AFR 62/034/2003
- Human Rights in the DR Congo: 1997 to the Present Day (PDF) octobre 2001
- (pdf) Rapport final du groupe d'experts sur l'exploitation illégale des ressources naturelles et autres formes de richesse de la République démocratique du Congo, *remis au secrétaire général de l'ONU, 16 octobre 2002, document S/2002/1146*

Ouvrages

- Bill Berkeley, *The Graves Are Not Yet Full: Race, Tribe, and Power in the Heart of Africa*, New York, Basic Books, 2001 (ISBN 0-465-00642-6).
- Eric Miller, *The Inability of Peacekeeping to Address the Security Dilemma*, LAP Lambert

Academic Publishing AG & Co KG, 2010 (ISBN 978-3-8383-4027-2)
- John F. Clark, *The African Stakes in the Congo War*, New York, Palgrave McMillan, 2002 (ISBN 1-4039-6723-7).
- Robert G. Edgerton, *The Troubled Heart of Africa: A History of the Congo*, New York, St. Martin's Press, 2002 (ISBN 0-312-30486-2).
- Ch. Didier Gondola, *The History of Congo*, Westport (Connecticut), Greenwood Press, 2002 (ISBN 0-313-31696-1).
- Jean-Paul Mopo Kobanda, *Les Crimes économiques dans les grands lacs africains. 5 millions de morts pour les enrichir : les multinationales occidentales, le Rwanda, l'Ouganda et leurs complices congolais*, éd. Menaibuc, 2006 (ouvrage issu d'un mémoire de DEA en études internationales et africaines)
- Filip Reyntjens, *La Guerre des grands lacs*, Paris, l'Harmattan, 1999 (ISBN 2-7384-8356-9)
- Jean-Bernard Gervais, Kabila, chronique d'une débâcle annoncée, éditions Golias. (ISBN 978-2-911453-63-2).

Ce document provient de « https://fr.wikipedia.org/w/index.php?title=Deuxième_guerre_du_Congo&oldid=132167323 ».

Chapitre 12 - Gouvernement de transition de la République démocratique du Congo

Références

1. BBC NEWS | World | Africa | Thousands flee DR Congo unrest
2. BBC NEWS | World | Africa | DRC conflict 'kills 1,000 a day'
3. BBC NEWS | Africa | Mediators go to DR Congo hotspot
4. International Crisis Group - Back to the Brink in the Congo
5. News: Great Lakes, Uganda, Rwanda deny violating DRC arms embargo, slam UN report
6. News: Great Lakes, Rwandan rebels warn of resistance to planned AU disarmament force
7. *The Congo: Solving the FDLR Problem Once and for All*, 12 May 2005
8. *L'engagement solennel des ex-forces armées zaïroises réfugiées en République du Congo*, 28 octobre 2004 & *La réforme du secteur de la sécurité en RDC*, 13 février 2006
9. *Élections au Congo: Établir ou troubler l'ordre public*, 27 avril 2006 & *La sécurité des élections au Congo: les leçons des affrontements de Kinshasa*, 2 octobre 2006
10. Composition du gouvernement de transition en République démocratique du Congo, congonline.com
11. Léger réaménagement technique du gouvernement de transition de RDC, AFP sur jeuneafrique.com, 11 juillet 2004

12. RD Congo : Nomination de neuf ministres au gouvernement, Archives politique, presse-francophone.org, janvier 2005
13. Avec la nomination hier de trois ministres et d'un vice-ministre Mlc, Le Potentiel, 18 février 2005.
14. Remaniement : la dictature des composantes , congo-actualites.net, 19 novembre 2005;
15. Remaniement du gouvernement, *La Conscience.com*, 18 novembre 2005

Ce document provient de « https://fr.wikipedia.org/w/index.php?title=Gouvernement_de_transition_de_la_République_démocratique_du_Congo&oldid=131174900 ».

Chapitre 13 - Guerre du Kivu

Bibliographie

- Justine Brabant, *"Qu'on nous laisse combattre, et la guerre finira" : avec les combattants du Kivu*, Paris, La Découverte, 2016, 243 p. (ISBN 978-2-7071-8363-7)

Notes et références

- **(en)** Cet article est partiellement ou en totalité issu de l'article de Wikipédia en anglais intitulé « Kivu conflict » (voir la liste des auteurs).

1. « Africa News », BBC News
2. (en) D.R. Congo: Arrest Laurent Nkunda For War Crimes - Human Rights Watch, 1er février 2006
3. (en) Rebel troops capture Bukavu and threaten third Congo war - *The Independent*, 3 juin 2004
4. (en) DRC: Interview with rebel general Laurent Nkunda - *IRIN*, 2 septembre 2006
5. (en) DRC: UN preliminary report rules out genocide in Bukavu - *IRIN*, 17 janvier 2004
6. (en) DRC: Government troops seize rebel stronghold, general says - *IRIN*, 14 septembre 2004
7. (en) Nkunda Building Forces: Rebel General Draws on More Deserting Troops - *Sobaka*, 16 septembre 2005
8. (en) DRC: Human rights situation in Feb 2006 - *MONUC*, 18 mars 2006
9. (en) Rebel troops clash with army in eastern Congo - *SABC*, 5 août 2006
10. (en) DRC: No plan to arrest dissident ex-general - *IRIN*, 23 septembre 2006
11. (en) List of individuals and entities subject to the measures imposed by paragraph 13 and 15 of United Nations Security Council Resolution 1596 (2005), pursuant to Resolution 1533 (2004) - *Conseil de sécurité des Nations unies*, 5 novembre 2005-6 juin 2006
12. (en) DRC: Interview with Jacqueline Chenard, spokeswoman for MONUC in Kivu North - *IRIN*, 30 juillet 2006

13. **(en)** Congo's rebel leader watches and waits - *Financial Times*, 7 août 2006
14. **(en)** DRC rebel leader commits to peace - *SABC*, 27 octobre 2006
15. **(en)** Congo Warlord's Fighters Attack Forces - *The Washington Post*, 26 novembre 2006
16. **(en)** UN says engages rebels as army flees Congo town - Reuters, 26 novembre 2006
17. **(en)** UN Calls for Negotiations in Eastern DRC - *Voice of America*, 17 novembre 2006
18. **(en)** « DRC: 12,000 Congolese flee into Uganda » *SomaliNet News*, 8 décembre 2006
19. **(en)** « DRC: Rocket kills 7 in Uganda » *SomaliNet News*, 7 décembre 2006
20. **(en)** DDR Process in the DRC: A Never-Ending Story - Institute for Security Studies [PDF]
21. **(en)** Rogue general threatens DRC peace - BBC News, 24 juillet 2007
22. **(en)** UN warns of DRC refugee increase - BBC News, 24 août 2007
23. **(en)** Fear of fresh conflict in Congo as renegade general turns guns on government forces - Chris McGreal, *The Guardian*, 3 septembre 2007
24. DRC rebel general calls for peace, BBC
25. **(en)** Congo warlord continues to recruit kids - *Sydney Morning Herald*, 20 septembre 2007
26. **(en)** Congolese flee renegade general - BBC News, 23 septembre 2007
27. **(en)** Thousands flee amid Congo clashes - BBC News, 20 octobre 2007

28. **(en)** DR Congo rebels take eastern town - BBC News, 3 décembre 2007
29. selon Reuters, il s'agirait plutôt de la 14ᵉ brigade des FARDC : Joe Bavier, Congo army says retakes eastern town from rebels, 5 décembre 2007
30. **(en)** Army seizes DR Congo rebel base - BBC News, 5 décembre 2007
31. RDC : Nkunda aurait repris Mushake à l'armée - *Afrik*, 10 décembre 2007
32. Après la perte de Mushake: Le gouvernement Gizenga II entre guerre d'usure et guerre totale - Afrikblog, 12 décembre 2007
33. Kabila et l'Onu en position difficile - Lalibre.be
34. L'armée congolaise rongée par le soupçon - *Le Soir*, 27 décembre 2007
35. CONFLIT EN RDC : JUILLET 2007, LE TEMPS OU LES CASQUES BLEUS (MONUC) AIDAIENT LES FDLR : AFRIKARABIA2
36. **(en)** DR Congo rebel 'ready for peace' - BBC News, 14 décembre 2007
37. **(en)** DR Congo invites rebels to talks - BBC News, 20 décembre 2007
38. Communiqué AFP, L'armée congolaise rongée par le soupçon - *Le Soir*, 27 décembre 2007
39. RDC : LA MONUC DENONCE LE RECRUTEMENT DE 200 ECOLIERS PAR LES TROUPES DE LAURENT NKUNDA A TONGO : AFRIKARABIA2

40. NORD-KIVU (RDC) : VIOLENTS COMBATS ENTRE LES MILICES MAÏ-MAÏ ET LES TROUPES DE LAURENT NKUNDA A TCHUGI : AFRIKARABIA2
41. **(en)** Rebels resume Congo peace talks - BBC News, 11 janvier 2008
42. **(en)** AFP: Nkunda's team to return to DR Congo peace conference - AFP, 10 janvier 2008
43. **(en)** UN-backed summit in DR Congo discusses amnesty for dissident general - UN News Centre, 18 janvier 2008
44. AFP: Armed groups in east DR Congo ready for ceasefire
45. AFP: Row over war crimes status delays end of DR Congo conference
46. **(en)** Eastern Congo peace deal signed - BBC News, 23 janvier 2008
47. **(en)** Rebels 'threaten DR Congo deal' - BBC News, 24 janvier 2008
48. **(en)** Is this peace for eastern DR Congo? - BBC News, 24 janvier 2008
49. **(en)** After Two Key Deals, What Progress Towards Peace in North Kivu?
50. RDC : le patron de l'UA à Kinshasa pour tenter d'éteindre le feu dans l'est - AFP, 11 octobre 2008
51. Le Soir : RDC : les rebelles stoppés par la Monuc
52. L'armée congolaise abandonne Goma - Le Soir

53. **(fr)** RDC: Laurent Nkunda détenu par les Rwandais serait remis à Kinshasa - AFP, 24 janvier 2009
54. Nord-Kivu : que veut le M23 ? sur tv5.org
55. **Erreur de référence : Balise <ref> incorrecte ; aucun texte n'a été fourni pour les références nommées RDV.**
56. Kinshasa dénonce le rôle d'un « lobby » minier dans la guerre - *Le Monde*, 19 novembre 2008
57. Le coltan au Kivu - DailyMotion, 2003 [vidéo]
58. Nkunda, gendarme des puissants groupes opposés à l'entrée de la Chine au Congo - mediacongo.net, 24 novembre 2008 [PDF]

Ce document provient de « https://fr.wikipedia.org/w/index.php?title=Guerre_du_Kivu&oldid=130284342 ».

Chapitre 14 - Rébellion du M23

Bibliographie

- Dominic Johnson, « La dynamique des groupes armés dans l'est du Congo et le cas du M23 », *Cahiers africains*, n° 84 « Conjonctures congolaises 2013 : percée sécuritaire, flottements politiques et essor économique », 2014 (lire en ligne)

- Adolphe Kilomba Sumaili, « La CIRGL et le règlement des différends dans la région des

Grands lacs : cas de la rébellion du M23 », *Revue Quebecoise de Droit International*, vol. 28, 2015, p. 203-218

Notes et références

- **(en)** Cet article est partiellement ou en totalité issu de l'article de Wikipédia en anglais intitulé « 2012 East DR Congo conflict » (voir la liste des auteurs).

1. **(en)** « Clashes in eastern DR Congo claim lives », *Al Jazeera English*, 6 juin 2012 (lire en ligne)
2. **(es)** Agence EFE, « Al menos 240 muertos en Congo tras combate entre Ejército y amotinados », *Grupo RPP*, 8 juin 2012 (lire en ligne)
3. **(en)** Albert Kambale, « DR Congo rebel chief pledges to withdraw from captured towns », *Agence France-Presse*, 8 juillet 2012 (lire en ligne)
4. La guerre du Kivu, Bernard Lugan, *bernardlugan.blogspot.fr*, 19 juillet 2012
5. Des forces rebelles bombardent des bases par des grenades - Afrique - Al Jazeera English
6. « Lettre datée du 26 juin 2012, adressée au Président du Conseil de sécurité par le Président du Comité du Conseil de sécurité créé par la résolution 1533 (2004) concernant la République démocratique du Congo ».

S/2012/348/Add.1, Conseil de sécurité, Nations Unies, 27 juin 2012, 52 pp.
7. **(en)** DR Congo government, CNDP rebels 'sign peace deal', AFP, 24 mars 2009
8. Congo-Kinshasa: Général Ntaganda et des loyalistes désertent les forces armées
9. Rwanda 'supporting DR Congo mutineers', BBC News
10. **(en)** *Congo rebels offer peace talks with government*, 7 juillet 2012
11. **(en)** Les rebelles Congolais avancent sur Goma
12. *DR Congo rebels seize strategic town of Rutshuru*, 9 juillet 2012
13. **(en)** Fuite de milliers de personnes après les combats entre l'armée congolaise et des rebelles
14. **(en)** Fin de l'aide militaire américaine au Rwanda
15. **(en)** « *Rwanda's Paul Kagame warned he may be charged with aiding war crimes* »
16. Le coltan congolais a rapporté 250 millions de dollars au Rwanda - enquête de l'Observatoire des ressources naturelles en Afrique australe (SARW), citée par l'agence de presse associée (APA)
17. **(fr)** « Les rebelles du M23 occupent la ville de Goma »
18. **(fr)** « Des dirigeants africains se réunissent samedi en sommet à Kampala, en l'absence du président rwandais Paul Kagame, pour tenter de résoudre le conflit dans l'est de la RDC »

19. « L'Onu crée une brigade d'intervention en RDC », sur *Le Nouvel Observateur*, 28 mars 2013 (consulté le 8 novembre 2013)
20. Lansana Gberie, « La brigade d'intervention : fin de la guerre en RDC ? », sur *Afrique Renouveau*, août 2013 (consulté le 8 novembre 2013)
21. Christophe Rigaud, « RDC : Première mission pour la Brigade de l'ONU », sur *Afrikabia*, 31 juillet 2013 (consulté le 8 novembre 2013)
22. Reprise des hostilités entre 2 clans du M23, Radio Okapi, 9 mars 2013
23. Christophe Rigaud, « RDC : Le M23 lâché par Kigali ? », sur *Afrikabia*, 27 octobre 2013 (consulté le 8 novembre 2013)
24. **(en)** Dean Wingrin, « First ever combat for Rooivalk », sur *defenceWeb*, 5 novembre 2013 (consulté le 8 novembre 2013)
25. « RDC: à Chanzu, les FARDC célèbrent leur victoire contre le M23 », sur *Radio France internationale*, 6 novembre 2013 (consulté le 8 novembre 2013)
26. Christophe Rigaud, « RDC : Un nouveau scénario s'écrit au Kivu », sur *Afrikabia*, 6 novembre 2013 (consulté le 8 novembre 2013)
27. « RDC: le chef militaire du M23, Sultani Makenga, aux mains des autorités ougandaises », sur *Radio France internationale*, 7 novembre 2013 (consulté le 8 novembre 2013)

28. « La RDC et le M23 signent un accord de paix », *Le Monde* avec agence Reuters, 12 décembre 2013, [article en ligne]

Ce document provient de « https://fr.wikipedia.org/w/index.php?title=Rébellion_du_M23&oldid=130829465 ».

Chapitre 15 - Troisième République (RDC)

Ce document provient de « https://fr.wikipedia.org/w/index.php?title=Troisième_République_(RDC)&oldid=111115832 ».

Chapitre 16 - Histoire des divisions administratives de la République démocratique du Congo

Ce document provient de « https://fr.wikipedia.org/w/index.php?title=Histoire_des_divisions_administratives_de_la_République_démocratique_du_Congo&oldid=133131520 ».